16	3	2	13
5	10	11	8
9	6	7	12
4	15	14	1

Mikhail Bakhtin

Teoria do romance III
O romance
como gênero literário

Tradução, posfácio e notas
Paulo Bezerra

Organização da edição russa
Serguei Botcharov e Vadim Kójinov

editora■34

EDITORA 34

Editora 34 Ltda.
Rua Hungria, 592 Jardim Europa CEP 01455-000
São Paulo - SP Brasil Tel/Fax (11) 3811-6777 www.editora34.com.br

Copyright © Editora 34 Ltda. (edição brasileira), 2019
Tradução @ Paulo Bezerra, 2019
Copyright © Mikhail Bakhtin
Published by arrangement with Elena Vladimirovna Ermilova
and Serguey Georgevich Bocharov. All rights reserved.

A FOTOCÓPIA DE QUALQUER FOLHA DESTE LIVRO É ILEGAL E CONFIGURA UMA
APROPRIAÇÃO INDEVIDA DOS DIREITOS INTELECTUAIS E PATRIMONIAIS DO AUTOR.

Título original:
Teória romana: román, kak litieratúrnii jánr

Capa, projeto gráfico e editoração eletrônica:
Bracher & Malta Produção Gráfica

Revisão:
Danilo Hora

1ª Edição - 2019 (1ª Reimpressão - 2022)

CIP - Brasil. Catalogação-na-Fonte
(Sindicato Nacional dos Editores de Livros, RJ, Brasil)

B142t
Bakhtin, Mikhail (1895-1975)
   Teoria do romance III: O romance como gênero literário / Mikhail Bakhtin; tradução, posfácio e notas de Paulo Bezerra; organização da edição russa de Serguei Botcharov e Vadim Kójinov — São Paulo: Editora 34, 2019 (1ª Edição).
   144 p.

ISBN 978-85-7326-740-2

Tradução de: Teória romana: román, kak litieratúrnii jánr

1. Teoria literária. 2. Linguística. 3. Filosofia da linguagem. I. Bezerra, Paulo. II. Botcharov, Serguei (1929-2017). III. Kójinov, Vadim (1930-2001). IV. Título.

CDD - 801

Teoria do romance III
O romance como gênero literário

Nota à edição brasileira 7

Sobre a pré-história do discurso romanesco 11
O romance como gênero literário.................................. 65

Posfácio, *Paulo Bezerra*.. 113

Sobre o autor 135
Sobre o tradutor... 137

Nota à edição brasileira

Os dois textos que encerram a teoria do romance de Mikhail Bakhtin foram apresentados originalmente em duas palestras em Moscou, no Instituto de Literatura Mundial Maksim Górki, em um ciclo de leituras organizado pelo acadêmico Leonid Timofêiev. À época, Bakhtin já havia sido preso e passado por um período de exílio interno e acabara de receber permissão de retornar à capital soviética, onde, em 1940, finalizou a redação de seu extenso estudo sobre Rabelais. Ambos os textos seriam publicados em uma coletânea do ciclo de palestras, iniciativa que foi interrompida em decorrência dos esforços de guerra.

"Sobre a pré-história do discurso romanesco", leitura realizada no outono de 1940, foi publicado apenas em 1965, com cortes, na revista *Questões de Literatura*.[1] "O romance como gênero literário", apresentado na primavera de 1941, foi publicado no mesmo periódico, com cortes e sob o título "Epos e romance (sobre a metodologia da pesquisa sobre o romance)", em 1970.[2] Ambos integraram posteriormente a coletânea *Questões de literatura e de estética*, publicada em 1975, poucos meses após a morte do autor.

[1] "Iz predistórii románnogo slóva", *Vopróssi Literaturi*, 1965, nº 8, pp. 84-90.

[2] "Épos i román (o metodológuii issliédovaniia romána)", *Vopróssi Literaturi*, 1970, nº 1, pp. 95-122.

A presente edição brasileira tem como base o mais recente estabelecimento dos textos, realizado por Serguei Botcharov e Vadim Kójinov para o tomo 3 das *Obras reunidas de Mikhail Bakhtin — Sobránie sotchiniênii v siémi tomakh, t. 3: Teória romana* (*Obras reunidas em sete tomos, t. 3: A teoria do romance*) —, publicado em Moscou pela editora Iazikí Slaviánskikh Kultur em 2012. Esta versão incorpora correções do autor e restitui os trechos previamente cortados, bem como os títulos originais. Em ambos os textos foram preservadas as anotações feitas por Bakhtin nas margens das cópias datilografadas, contendo temas a serem incorporados e desenvolvidos no corpo do texto. Esses trechos são dados nas notas indicadas por um asterisco [*].

Este volume dá sequência a *Teoria do romance I: A estilística*, e *Teoria do romance II: As formas do tempo e do cronotopo*, publicados pela Editora 34 em 2015 e 2018, respectivamente, todos em tradução direta do russo realizada por Paulo Bezerra. As notas do tradutor estão assinaladas com (N. do T.).

Teoria do romance III
O romance
como gênero literário

Sobre a pré-história do discurso romanesco

I

O estudo estilístico do romance teve início há muito pouco tempo. O Classicismo dos séculos XVII e XVIII não reconhecia o romance como gênero "poético" autônomo e o incluía nos gêneros retóricos mistos. Os primeiros teóricos do romance — Huet,[1] Wieland,[2] Blanckenburg[3] e os românticos (F. Schlegel, Novalis) quase não tocaram em questões de estilística.[4] Na segunda metade do século XIX tem início

[1] Pierre-Daniel Huet, *Traité de l'origine des romans* [Tratado sobre a origem do romance], de 1670, em que trata da questão do romance grego e do romance barroco.

[2] No famoso prefácio a *Agathon*, 1766-67. [Christoph Martin Wieland (1733-1813), cujo *Geschichte des Agathon* [A história de Agatão] (1766-67) é considerado o primeiro romance de formação. (N. do T.)]

[3] Christian Friedrich von Blanckenburg, *Versuch über den Roman* [Ensaio sobre o romance] (de 1774, publicado anonimamente).

[4] Os românticos afirmavam que o romance é um gênero misto (uma mescla de versos e prosa), que incorpora em sua composição diferentes gêneros (os líricos em particular), mas os românticos não tiraram dessa afirmação conclusões estilísticas. Veja-se, por exemplo, F. Schlegel em "Brief über den Roman" ["Carta sobre o romance"]: "*Ja. Ich kann mir einen Roman kaum anders denken als gemischt aus Erzählung, Gesang und andern Formen*" ["Sim. Não consigo conceber o romance a não ser como uma mistura de narração, canção e outras formas"].

um agudo interesse pela teoria do romance, então o principal gênero literário europeu,[5] mas o estudo se concentra quase exclusivamente em questões de composição e temática;[6] trataram de questões de estilística só de passagem, e não principalmente.[7]

Nos últimos dois decênios a situação mudou de modo bastante acentuado: surgiu um bom número de trabalhos sobre a estilística de autores e romances individuais. Amiúde esses trabalhos são ricos de valiosas observações.[8] Entretanto, ainda não foram reveladas as peculiaridades do discurso romanesco e o *specificum* estilístico do gênero romanesco. Além disso, a própria questão desse *specificum*, com todo o

---

[5] Na Alemanha, a partir dos trabalhos de Friedrich Spielhagen (começam a surgir a partir de 1864) e sobretudo da obra de Robert Riemann, *Goethes Romantechnik* [A técnica romanesca de Goethe], de 1902; na França, por iniciativa de Ferdinand Brunetière e Gustave Lanson.

[6] Quem se aproximou do problema principal da pluralidade de estilos e de planos no gênero romanesco foram os estudiosos da técnica da "narrativa emoldurada" (*Rahmenerzählung*) na prosa literária (Moritz Goldstein e outros), bem como os estudiosos do "papel do narrador na epopeia" (Käte Friedemann, *Die Rolle des Erzählers in der Epik*, 1910); contudo, no plano estilístico essa questão não foi desenvolvida.

[7] Mencionemos, como exemplo característico, a obra já consolidada e várias vezes reimpressa de Heinrich Keiter e Tony Kellen: *Der Roman: Geschichte, Theorie und Technik des Romans und der erzählenden Dichtkunst* [O romance: história, teoria e técnica do romance e da poesia narrativa] (1908); aqui foi dedicada uma pequena seção ao tema — apenas trinta das quinhentas páginas, preenchidas das reflexões mais banais e concluídas com a afirmação geral de que "o estilo épico do romance deve distinguir-se por ser claro e evidente" (p. 427).

[São recorrentes no russo erudito a adjetivação e a adverbialização do substantivo "princípio", que tem praticamente todos os valores semânticos que encontramos em português. Por isso o emprego de "principialmente" e "principial", apesar de não dicionarizados. (N. do T.)]

[8] Tem valor especial o trabalho de Helmut Hatzfeld, *Don Quijote als Wortkunstwerk* [O Dom Quixote como obra literária] (1927).

seu caráter principial, até hoje não foi levantada. Observam-se cinco tipos de enfoque estilístico do discurso romanesco:

1) Analisa-se apenas o "partido" do autor no romance, isto é, apenas o discurso direto do autor (selecionado de modo mais ou menos correto), do ponto de vista da representação e da expressividade poéticas mais diretas e corriqueiras (metáforas, comparações, a seleção lexicográfica, etc.);

2) A análise estilística do romance como um conjunto artístico é substituída por uma descrição linguística neutra da linguagem do romancista;[9]

3) Na linguagem do romancista, selecionam-se aqueles elementos característicos da corrente literária (romantismo, naturalismo, impressionismo, etc.) na qual se situa o romancista estudado;[10]

4) Procura-se na linguagem do romance a expressão da individualidade do autor, ou seja, analisam-no enquanto estilo individual de um dado romancista;[11]

5) O romance é visto como um gênero retórico, e seus procedimentos são analisados do ponto de vista da efetividade retórica.[12]

Todos os cinco tipos de análise estilística desviam-se, em maior ou menor grau, das peculiaridades do gênero romanesco, das condições específicas da vida do discurso no ro-

---

[9] Assim é, por exemplo, o livro de Lazare Sainean, *La Langue de Rabelais* [A linguagem de Rabelais] (1922-23).

[10] Assim é, por exemplo, o livro de Georg Loesch, *Die Impressionistische Syntax der Goncourt* [A sintaxe impressionista dos irmãos Goncourt] (1919).

[11] Assim são os trabalhos estilísticos dos seguidores de Karl Vossler. Cabe observar em especial os trabalhos de Leo Spitzer, ricos por suas observações, sobre os estilos de Charles-Louis Philippe, Charles Péguy e Marcel Proust, reunidos no segundo tomo do livro *Stilstudien* [Estudos de estilo] (1928).

[12] Esse é o ponto de vista de *A prosa ficcional*, de V. V. Vinográdov (1930).

mance. Elas consideram a língua e o estilo do romancista não como a linguagem e o estilo *do romance*, mas ora como expressão de uma determinada individualidade artística, ora como o estilo de certa corrente, ora, enfim, como manifestação de uma linguagem poética comum. A individualidade artística do autor, sua corrente literária, as peculiaridades gerais da linguagem poética e as peculiaridades da linguagem literária de uma determinada época sempre escondem de nós o próprio *gênero*, com as exigências específicas que este faz à linguagem e com as possibilidades específicas que este revela à linguagem. Como resultado, na maioria dos trabalhos sobre o romance, as variações estilísticas relativamente pequenas — do autor ou de sua corrente literária — empanam totalmente a nossa vista para as grandes linhas estilísticas, determinadas pela evolução do romance enquanto gênero específico. Entretanto, nas condições do romance o discurso vive uma vida totalmente específica, que não pode ser entendida do ponto de vista das categorias estilísticas formadas com base nos gêneros poéticos em sentido restrito.

As diferenças entre o romance, e algumas formas que dele se aproximam (destas falaremos em particular), e todos os outros gêneros — os gêneros poéticos no sentido restrito do termo — são tão substanciais e principiais que quaisquer tentativas de transferir para o romance os conceitos e normas da figuralidade poética estão fadadas ao fracasso. A figuralidade poética em sentido restrito, embora esteja presente no romance (predominantemente no discurso direto do autor), tem valor secundário para ele. Além disso, essa figuralidade ganha frequentemente no romance funções bem específicas, não diretas. Eis, por exemplo, como Púchkin caracteriza a poesia de Liênski em *Ievguêni Oniéguin* (capítulo 2, estrofe X):

> *Cantava* o amor, a ele obediente,
> Como era luminoso o canto seu,

Qual pensamentos de donzela ingênua,
Como a lua, como o sonho de quem mal
[nasceu...[13]

(Segue-se o desenvolvimento da última comparação.)

As imagens poéticas — precisamente, as comparações metafóricas — que representam o "canto" de Liênski carecem de qualquer significado *poético*. Não podem ser entendidas como imagens poéticas imediatas, do próprio Púchkin, embora, em termos formais, a caracterização parta do autor. Aqui, em sua linguagem, em sua maneira poética, o "canto" de Liênski caracteriza a si mesmo. A caracterização puchkiniana *direta* do "canto" de Liênski existe no romance e soa de modo inteiramente distinto:

Assim ele *escrevia*, era *obscuro* e *preguiçoso*...

Nos quatro versos citados anteriormente, ressoa o canto do próprio Liênski, sua voz, seu estilo poético, mas são atravessados por acentos paródico-irônicos do autor; por isso não estão separados do discurso do autor nem pela composição, nem pela gramática. Estamos de fato diante da *imagem* do canto de Liênski, não de uma imagem poética em sentido restrito, mas de uma imagem tipicamente *romanesca* — é a *imagem da linguagem do outro*, neste caso a imagem do *estilo* poético do outro (romântico-sentimental). Já as metáforas poéticas desses versos ("como o sonho de quem mal nasceu", "como a lua") não são, em absoluto, *recursos primários da representação* (como seriam no canto sério e direto do próprio Liênski); aqui elas se tornam o *objeto da repre-*

---

[13] O "romance em versos" *Ievguêni Oniéguin* foi publicado seriadamente entre 1825 e 1833, e é considerado a um só tempo um dos maiores poemas de Aleksandr Púchkin e uma das peças narrativas fundadoras da moderna literatura russa. (N. do T.)

sentação, isto é, da representação paródico-estilizante. No sistema do discurso direto do autor (que postulamos), essa imagem romanesca do *estilo do outro* (com as metáforas diretas que o integram) é posta entre *aspas de entonação*, ou seja, paródico-irônicas. Se desprezarmos essas aspas de entonação e interpretarmos as metáforas aqui empregadas como recursos imagísticos diretos do autor, destruiremos a imagem *romanesca* do estilo do outro, ou seja, justamente a imagem que Púchkin construiu como romancista. Do discurso poético do próprio autor que postulamos, a linguagem poética de Liênski está muito distante: serve apenas como objeto de representação (quase como uma coisa), e o próprio autor não recorre a ela para representar nada de substancial; o autor está como que totalmente fora da linguagem de Liênski (só os seus acentos paródicos-irônicos penetram nessa "linguagem do outro").

Mas vejamos outro exemplo de *Ievguêni Oniéguin*:

> Quem viveu e pensou, deixar não pode
> D'os homens desprezar intimamente;
> A quem já o sentiu desassossega
> O fantasma do passado irrevogável
> Para esse já não há encantamentos,
> Resta-lhe a serpente das lembranças
> E corrói-lhe o arrependimento.[14]

Poder-se-ia pensar que estamos diante de uma sentença poética direta, do próprio autor. Contudo, os próximos versos,

> Com frequência, tudo isso
> Dá grande encanto à conversa —,

[14] Capítulo 1, estrofe XLVI.

(à conversa do autor convencional com Oniéguin) lançam uma leve sombra de objeto sobre essa sentença. Embora ela integre o discurso do autor, ainda assim é construída no espaço da ação da voz de Oniéguin, no estilo de Oniéguin. Temos novamente diante de nós a imagem romanesca do estilo do outro, só que construída de um modo um tanto diferente. Todas as imagens desse trecho são objeto da representação: são representadas como o estilo de Oniéguin, como a concepção de mundo de Oniéguin, e nesse sentido são semelhantes às imagens do canto de Liênski. Contudo, à diferença desta última, as imagens das referidas sentenças representam ao mesmo tempo em que são objeto da representação, ou melhor, exprimem elas também o pensamento do autor, pois este lhes é consideravelmente solidário, embora perceba as limitações e a incompletude da concepção de mundo do estilo oniéguiano/byroniano. Desse modo, o autor (ou seja, o discurso direto do autor que postulamos) está bem mais próximo da "linguagem" de Oniéguin que da "linguagem" de Liênski: o autor já não está simplesmente fora dessa linguagem, mas dentro dela; ele não só representa essa "linguagem", como, em certa medida, ele próprio a usa.[15*] O autor percebe as limitações e a incompletude do discurso, da con-

---

[15*] Assim como uma pessoa não se encaixa perfeitamente em sua real situação, o mundo tampouco se encaixa perfeitamente no discurso que se faz sobre ele; qualquer estilo disponível será limitado, cabe utilizá-lo com ressalvas.

O herói se encontra na zona de uma possível conversa com o mundo, na zona do contato dialógico.

Nela desvela-se até o fim a conversa dialógica, a natureza dialógica do discurso que vai além dos limites.

As formas de transmissão do discurso alheio nas esferas da cultura, através dos gêneros e dos tipos de atitudes a esse discurso (nos manuscritos).

O problema da citação na Idade Média.

A conversação como base do diálogo socrático.

cepção de mundo ainda em moda de Oniéguin, percebe sua face risível, deslocada e artificial ("Um moscovita em capa de *Harold*",[16] "Todo um léxico de palavras da moda", "Seria ele uma paródia?"), mas, ao mesmo tempo, pode exprimir toda uma série de pensamentos e observações substanciais recorrendo a essa "linguagem", a despeito dela estar historicamente condenada de forma geral. Essa imagem da linguagem/concepção de mundo de outrem, ao mesmo tempo representada e representante, é sumamente típica do romance; esse tipo inclui justamente as mais grandiosas imagens romanescas (a de *Dom Quixote*, por exemplo). Os recursos poéticos (em sentido restrito) que compõem semelhante imagem, meios representativos e expressivos, conservam a sua importância direta, mas ao mesmo tempo são "ressalvados", exteriorizados, mostrados em sua relatividade histórica, em suas limitações, em sua incompletude; são, por assim dizer, autocríticos no romance. Tais recursos iluminam o mundo e são eles mesmos iluminados.

Ao representar a imagem falante ressalvada da "linguagem" de Oniéguin (a linguagem tendencial de sua concepção de mundo), o autor está longe da neutralidade em relação a essa imagem: em certa medida ele polemiza com ela, contesta-a, em algum ponto concorda com ressalvas, interroga-a, dá-lhe ouvidos, mas ao mesmo tempo a ridiculariza, a deturpa parodicamente, etc. Em outros termos, o autor se encontra em *relação dialógica* com a linguagem de Oniéguin; o autor realmente *conversa* com Oniéguin, e essa conversa é um elemento constitutivo substancial quer da totalidade do estilo do romance, quer da imagem da linguagem de Oniéguin. O autor representa essa linguagem conversando com ela, e a

---

[16] Púchkin emprega o adjetivo "moscovita" subentendendo "russo". A expressão depreciativa sugere que Oniéguin apenas imita o *Childe Harold* de Byron. (N. do T.)

conversa adentra a imagem da linguagem, dialogiza[17] essa imagem de dentro para fora. E assim são todas as imagens romanescas substanciais: trata-se de imagens interiormente dialogizadas de linguagens alheias, de estilos, de concepções de mundo alheios (inseparáveis de uma personificação linguística concreta, estilística). As teorias dominantes da figuralidade poética mostram sua total impotência na análise dessas imagens de linguagens complexas, internamente dialogizadas.

Ao analisar *Ievguêni Oniéguin*, pode-se estabelecer sem maiores dificuldades que, além das imagens das linguagens de Oniéguin e de Liênski, existe ainda a imagem complexa e sumamente profunda da linguagem de Tatiana, que se baseia numa peculiar combinação interiormente dialogizada da linguagem sonhadora e sentimental das "senhoritas provincianas" de Richardson[18] com a linguagem popular das lendas das aias, das narrativas do cotidiano, dos cantos camponeses, das adivinhações, etc. Nessa linguagem, o limitado, o quase risível e o *démodé* combinam-se com a verdade infinitamente séria e objetiva do discurso popular. O autor não só representa essa linguagem como fala nela de modo muito substancial. Partes consideráveis e essenciais do romance são apresentadas na zona da voz de Tatiana (zona que, como as das outras personagens, não está separada do discurso do autor, nem em termos composicionais, nem sintáticos: é uma zona puramente estilística).

Além da zona das personagens, que abrangem uma parte considerável do discurso do autor no romance, encontramos em *Oniéguin* algumas estilizações paródicas das linguagens tendenciais e de gênero da época (por exemplo, uma paródia da entonação épico neoclássica, epitáfios paródicos,

---

[17] Leia-se: "torna-a dialógica". (N. do T.)

[18] Samuel Richardson (1689-1761), escritor inglês autor de romances epistolares como *Pamela* (1740) e *Clarissa* (1748). (N. do T.)

etc. As próprias digressões líricas do autor, longe de serem privadas de elementos paródico-estilizantes ou paródico-polêmicos, em algumas de suas partes integram as zonas das personagens. Desse modo, do ponto de vista estilístico, as digressões líricas no romance diferem, por princípio, da lírica direta de Púchkin. Não se trata de uma lírica, trata-se de imagens romanescas da lírica (e do poeta-lírico). Como resultado, numa análise atenta quase todo o romance se decompõe em imagens de linguagens, que se conectam entre si e com o autor através de relações dialógicas peculiares. Essas linguagens são basicamente tendenciais, são variedades de gênero e de costumes da linguagem literária da época, de uma linguagem em formação e renovação. Todas essas linguagens, com todos seus recursos diretos de representação, tornam-se objeto da representação, são mostradas como imagens de linguagens, imagens típicas, características, limitadas e às vezes quase risíveis. Mas, ao mesmo tempo, essas linguagens representadas também representam em medida considerável. O autor participa do romance (e é onipresente nele) quase sem usar sua própria linguagem direta. A linguagem do romance é um sistema de linguagens que se interiluminam dialogicamente. Ela não pode ser descrita e analisada como uma linguagem única.[19*]

[19*] Uma definição planimétrica e estereométrica da linguagem. A linguagem do romance não pode ser situada num só plano, esticada numa só linha. É um sistema de planos que se cruzam. É o centro (ideológico-verbal) do romance. O autor (enquanto criador do conjunto romanesco) não pode ser encontrado em nenhum dos planos da linguagem: ele se encontra no centro organizacional do sistema de planos. Em *Oniéguin*, nem uma palavra é discurso direto de Púchkin em sentido indiscutível, ao contrário, por exemplo, do que acontece em sua lírica.

O sistema dos gêneros de uma época e o sistema dos gêneros de um autor (Púchkin). A questão da coexistência dos gêneros.

Os diferentes graus de distanciamento do centro do autor.

Vejamos mais um exemplo. Eis quatro trechos de diferentes capítulos de *Oniéguin*:

1) Assim pensava o *jovem pândego...*

2) ... O *mancebo cantor*
   Encontrou um fim prematuro!...

3) Canto o *mancebo amigo*
   E a infinidade dos caprichos seus

4) Que fazer, se por sua pistola
   Foi abatido o *jovem amigo...*

Aqui vemos em dois exemplos a forma eslavo-eclesiástica "mancebo" e, em outros dois, a forma plena russa "jovem".[20] Podemos dizer que ambas pertencem à linguagem única do autor e ao estilo único do autor, que seleciona uma ou outra delas, digamos, "pela métrica"? Semelhante afirmação, evidentemente, seria um disparate. Por outro lado, em todos os quatro casos o discurso é do autor. Mas a análise nos convence de que essas formas pertencem a diferentes sistemas estilísticos do romance.

As palavras "mancebo cantor" (segundo trecho) estão na zona de Liênski, apresentadas em seu estilo, isto é, no sentido um tanto arcaizado do sentimentalismo romântico. Cabe dizer que tanto as palavras "cantar" como "cantor" no sentido de "escrever versos" e "poeta" são empregadas por Púchkin na zona de Liênski ou em outras zonas paródicas e objetais (o próprio Púchkin, em sua própria linguagem, diz sobre Liênski: "Assim ele *escrevia...*"). A cena do duelo e o "pranto" por Liênski ("Amigos meus, lamentais pelo *poe-*

---

[20] Aqui se trata de duas formas do adjetivo "jovem" em russo: *molodói*, de uso cotidiano comum, e *mladói*, a forma antiga da palavra, empregada poeticamente. (N. do T.)

Sobre a pré-história do discurso romanesco

ta...", etc.) foram consideravelmente construídas na zona de Liênski, em seu estilo poético, mas o tempo todo interfere a voz realista e sensata do autor: a partitura dessa passagem do romance é bastante complexa e muito interessante.

As palavras "canto o *mancebo amigo*" (terceiro trecho) integram um travestimento paródico do princípio épico neoclássico. As exigências do travestimento paródico explicam também a falta de estilo na combinação do elevado discurso arcaico "mancebo" com a palavra de estilo baixo "amigo".

As palavras "jovem pândego" e "amigo jovem" estão no plano da linguagem direta do autor, contida no espírito familiar-coloquial da linguagem literária da época.

Assim, as diferentes formas linguísticas e estilísticas pertencem aos diferentes sistemas de linguagem do romance. No romance não existe uma linguagem e um estilo únicos e unos. Se eliminássemos todas as aspas de entonação, todas as divisões de vozes e estilos, todas as distâncias entre as "linguagens" representadas e o discurso direto do autor, o que teríamos seria um conglomerado de formas linguísticas e estilísticas heterogêneas, sem estilo nem sentido.

Bielínski chamou o romance de Púchkin de "enciclopédia da vida russa". Mas não se trata de uma muda enciclopédia de costumes. Nele, a vida russa fala com todas as suas vozes, com todas as suas linguagens e os estilos da época. A linguagem literária está representada no romance não como uma linguagem una, plenamente pronta e indiscutível, mas sim em toda sua viva heterodiscursividade, em sua formação e renovação. A linguagem do autor procura superar a "literalidade" superficial dos estilos moribundos, caducos, e das "linguagens" literário-tendenciais em moda, renovando-se à custa dos elementos essenciais da linguagem popular (mas não às custas de um heterodiscurso[21] grosseiro e vulgar).

---

[21] O heterodiscurso é produto da estratificação interna de uma língua nacional única em dialetos sociais, falares de grupos, jargões profis-

O romance de Púchkin é uma autocrítica da linguagem literária de sua época, conduzida por meio da interiluminação de todas as suas variedades basilares de tendências, gêneros e costumes. Mas, evidentemente, não se trata de uma interiluminação linguística, abstrata: as imagens das linguagens são inseparáveis das imagens das concepções de mundo e dos seus portadores vivos — homens que pensam, falam e agem numa situação histórica concreta. Do ponto de vista estilístico, estamos diante de um complexo sistema de imagens de linguagens da época, abrangidas num movimento dialógico único, cabendo observar que algumas "linguagens" estão de diferentes maneiras distantes do centro artístico-ideológico que unifica o romance.

A construção estilística de *Ievguêni Oniéguin* é típica de todo autêntico romance. Em maior ou menor grau, todo romance é um sistema dialogizado de imagens de "linguagens", de estilos, de concepções de mundo concretas e inseparáveis da linguagem. A linguagem no romance não só representa como também serve ela mesma como objeto da representação. O discurso do romance é sempre autocrítico.

Com isso o romance difere por princípio de todos os gêneros *diretos* — do poema épico, da lírica e do drama, em sentido rigoroso. Todos os recursos diretos de representação e expressão desses gêneros, e os próprios gêneros, quando passam a integrar o romance, tornam-se nele objeto de representação, imagens *sui generis*. Nas condições do romance, todo discurso direto — o épico, o lírico e o rigorosamente dramático — objetiva-se, torna-se ele mesmo limitado e, muito amiúde, ridículo nessa limitação de imagens.

As imagens específicas das linguagens e dos estilos, a organização dessas imagens, sua tipologia (pois são muito di-

---

sionais, compreende toda a diversidade de vozes e discursos que povoam a vida social. Para uma leitura mais detalhada, cf. o "Prefácio" e o "Glossário" de *Teoria do romance I: A estilística*. (N. do T.)

versas), a combinação de imagens e linguagens no conjunto do romance, as transições e guinadas das linguagens e das vozes e suas interrelações dinâmicas — eis as questões fundamentais da estilística do romance. A estilística dos gêneros diretos, do discurso poético direto, quase nada nos oferece para a solução desses problemas.

Falamos do discurso romanesco porque só no romance esse discurso pode revelar todas as suas possibilidades específicas e atingir a verdadeira profundidade. Mas o romance é, em termos relativos, um gênero muito tardio. Entretanto, o discurso indireto, isto é, o discurso alheio representado, a linguagem alheia entre aspas intencionais, tem uma profunda antiguidade, podemos encontrá-lo já nos graus primitivos da cultura verbal. Além disso, antes do surgimento do romance já encontramos um rico universo de formas variadas, transitórias, provocativas, que representam sob diferentes ângulos de visão a palavra alheia, o discurso alheio, a linguagem alheia, e inclusive as linguagens dos gêneros diretos. Essas diversas formas prepararam o romance e, depois de sua criação, tendem a ele; junto com o romance elas se contrapõem a todos os gêneros diretos.

Cremos que dois grandes fatores prepararam e criaram o discurso romanesco: um deles foi o *riso*, o outro, a *diversidade de linguagens*. O riso organizou as formas mais antigas de representação da linguagem, que inicialmente não passavam de *ridicularização* da linguagem alheia e do discurso direto alheio. A diversidade de linguagens e a *mútua iluminação de linguagens* a ela ligada elevaram essas formas a um novo nível artístico-ideológico no qual o gênero romanesco tornou-se possível.

No presente trabalho analisamos esses dois fatores que prepararam o discurso romanesco e o gênero romanesco.

II

Uma das formas mais antigas e difundidas de representação do discurso direto do outro é a *paródia*. Em que consiste a originalidade da forma paródica?

Vejamos, por exemplo, os *sonetos* paródicos que abrem o *Dom Quixote*. Embora tenham sido construídos de forma impecável enquanto sonetos, de maneira alguma podemos situá-los no gênero do soneto. Aqui eles são parte do romance, mas o soneto paródico isolado não pertence ao gênero do soneto. Num soneto paródico, a forma de soneto não é absolutamente um gênero, ou seja, não é a forma de um todo, mas um *objeto de representação*, o soneto é o *herói da paródia*. Numa paródia de soneto devemos identificar o soneto, reconhecer a sua forma, o seu estilo específico, sua maneira de ver, de selecionar e apreciar o mundo, devemos apreciar, por assim dizer, sua concepção de mundo enquanto soneto. A paródia pode representar e ridicularizar essas peculiaridades do soneto de forma melhor ou pior, de modo mais profundo ou mais superficial. Mas, de uma forma ou de outra, o que temos diante de nós não é um soneto, mas a *imagem do soneto*.

Pelos mesmos fundamentos não se pode, em absoluto, situar *A guerra das rãs e dos ratos*[22] no gênero épico. Trata-se de uma *imagem do estilo homérico*. E justamente esse estilo é o autêntico herói dessa obra. O mesmo podemos dizer de *Virgile travesti*[23] de Scarron. Não se pode situar no gênero do sermão os *sermons joyeux* do século XV, tampou-

---

[22] *Batracomiomaquia*, poema paródico atribuído a Homero na Antiguidade. (N. do T.)

[23] Célebre paródia da *Eneida*, escrita pelo poeta e romancista francês Paul Scarron (1610-1660), autor também de *Roman comique* (1651-57). (N. do T.)

co as paródias do *Pater noster* e da *Ave Maria* no gênero das orações.

Todas essas paródias dos gêneros e dos estilos ("linguagens") dos gêneros integram o grande e diversificado universo das formas verbais que ridicularizam o discurso sério e direto em todas as suas variedades de gênero. Trata-se de um universo muito rico, bem mais rico do que se costuma admitir. O próprio caráter e os modos de ridicularização são bastante diversos, não se esgotam com a parodização e o travestimento em sentido restrito. Esses modos de ridicularização do discurso direto foram pouquíssimo estudados. As concepções gerais sobre a criação verbal paródico-travestizante transformaram-se em ciência com base no estudo de formas tardias da paródia literária, como a *Eneida* de Scarron ou *O garfo fatal* de Platen,[24] isto é, formas pobres, superficiais e as menos importantes em termos históricos. Essas representações empobrecidas e estreitas do caráter paródico-travestizante do discurso foram posteriormente transferidas para o riquíssimo e diversificadíssimo universo da criação paródico-travestizante dos tempos passados.

É imensa a importância específica dessas formas paródico-travestizantes para a criação verbal de todas as literaturas. Vejamos alguns dados que comprovam sua riqueza e sua importância específicas.

Detenhamo-nos antes de tudo na Antiguidade. Na Antiguidade tardia, a "literatura da erudição" — Aulo Gélio, Plutarco (em *Moralia*), Macróbio e particularmente Ateneu de Náucratis — oferece indicações bastante ricas, que permitem julgar o volume e o caráter específico da arte paródico-travestizante da Antiguidade. As observações, citações, referências e alusões desses eruditos completam substancial-

---

[24] *Die verhängnisvolle Gabel* (1826), comédia do poeta e dramaturgo alemão August von Platen (1796-1835), inspirada em Aristófanes. (N. do T.)

mente o material sobre a verdadeira criação do riso na Antiguidade, que só esparsa e fortuitamente chegou até os nossos dias. Obras de pesquisadores como Albrecht Dieterich, Hermann Reich e Francis Cornford, entre outros, nos prepararam para uma apreciação mais correta do papel e da importância das formas paródico-travestizantes na cultura verbal antiga. Estamos convencidos de que, em termos literais, não houve um único gênero rigorosamente direto, um único tipo de discurso direto — ficcional, retórico, filosófico, religioso ou de costumes — que não tenha ganhado um duplo paródico-travestizante, uma *contrepartie* cômico-irônica. Ademais, esses duplos paródicos e essas representações cômicas do discurso direto foram, numa série de casos, tão consagrados pela tradição e tornaram-se tão canônicos como os seus protótipos elevados.

Tratarei da questão do chamado "quarto drama", isto é, o drama satírico. Esse drama, que era representado depois das trilogias trágicas, na maioria dos casos elaborava os mesmos motivos mitológicos das peças que o precediam. Dessa forma, ele era uma *contrepartie* paródico-travestizante, de tipo peculiar, da elaboração trágica do mito correspondente: mostrava o mesmo mito em outro aspecto.

Essas contra-elaborações paródico-travestizantes dos mitos nacionais elevados eram tão legítimas e canônicas como sua elaboração trágica direta. Todos os trágicos — Frínico, Sófocles, Eurípides — foram criadores de dramas satíricos, e o mais sério e reverente deles, Ésquilo, o epopta dos mistérios eleusinos, era visto pelos gregos como o grande mestre do drama satírico. Os fragmentos de seu *O colecionador de ossos* mostram que esse drama satírico oferece uma representação paródico-travestizante dos acontecimentos e dos heróis da guerra de Troia, ou seja, do episódio da altercação de Odisseu com Aquiles e Diomedes, cabendo observar que na ocasião é lançado um penico fedorento na cabeça de Odisseu.

Cabe dizer que a imagem do "Odisseu cômico", um travestimento paródico de sua elevada imagem épico-trágica, era uma das figuras mais populares do drama satírico, da antiga farsa dórica, da comédia pré-aristofânica, de uma série de pequenas epopeias cômicas, de discursos paródicos e disputas, dos quais era tão rica a comicidade antiga (sobretudo no sul da Itália e na Sicília). Na imagem do "Odisseu cômico", é característico o papel específico desempenhado pelo motivo da loucura: como se sabe, Odisseu meteu na cabeça um gorro (*pileus*) burlesco, de tolo, e atrelou ao seu arado um cavalo e um boi juntos, simulando loucura para evitar a participação na guerra. O motivo da loucura deslocava a imagem de Odisseu do elevado plano direto para o plano cômico e paródico-travestizante.[25]

Contudo, a figura mais popular do drama satírico e de outras formas paródico-travestizantes do discurso era a figura do "Hércules cômico". O Hércules robusto e simplório, servo do falso, covarde e mentiroso rei Euristeu, que vencera a morte numa luta e descera ao reino dos mortos; o Hércules comilão, farrista, beberrão e briguento; e, sobretudo, o Hércules louco — eis os motivos que determinavam o aspecto cômico dessa imagem. O heroísmo e a força se conservam nesse aspecto cômico, mas são combinados com o riso e as imagens da vida material e corporal.

A imagem do Hércules cômico era extremamente popular não só na Grécia, mas também em Roma e, posteriormente, em Bizâncio (onde se tornou uma das figuras centrais do teatro de marionetes). Até recentemente essa imagem continuava viva no Karagöz, o teatro de sombras turco. O Hércules cômico é uma das mais profundas imagens populares do heroísmo simples e alegre que influenciou imensamente toda a literatura universal.

---

[25] Cf. J. Schmidt, *Ulixes comicus*.

O "quarto drama" é *necessariamente* complementado pela trilogia trágica, e figuras como o "Odisseu cômico" e o "Hércules cômico" nos atestam que a consciência literária dos gregos não via nas elaborações paródico-travestizantes do mito nacional nenhuma profanação ou blasfêmia específicas. É característico que os gregos não se acanhassem minimamente ao atribuir ao próprio Homero a criação da obra paródica *A guerra das rãs e dos ratos*. Ainda se atribuía a Homero o poema cômico sobre o tolo Margites. Todo e qualquer gênero direto, todo e qualquer discurso direto — épico, trágico, lírico, filosófico — pode e deve ele mesmo tornar-se objeto de representação, de arremedo paródico-travestizante. Semelhante "arremedo" como que descola a palavra do objeto, separando-os, demonstrando que qualquer discurso direto de gênero — épico ou trágico — é unilateral, limitado, não esgota o objeto. A parodização leva a sentir aqueles aspectos do objeto que não se enquadram em dado gênero, em dado estilo. A arte paródico-travestizante introduz um corretivo permanente de riso e crítica na seriedade unilateral do discurso elevado e direto, corretivo esse que é sempre mais rico, mais substancial e, especialmente, mais *contraditório* e *heterodiscursivo* do que qualquer coisa que o gênero elevado e direto seja capaz de acomodar.[26*] A paródia antiga é desprovida de negação niilista. Porque não se parodiam absolutamente os heróis, não se parodia a guerra de Troia e seus participantes, mas a sua heroicização épica; não se parodia Hér-

---

[26*] A antiga bitonalidade do discurso (a fusão, nele, do elogio e do insulto). Os gêneros elevados são monotonais; o quarto drama e os gêneros relacionados a ele inserem um corretivo e restabelecem a plenitude e o universalismo do discurso.
    A plenitude do fenômeno incorpora o alto e o baixo, o frontal e o traseiro, o passado e o futuro, o início (nascimento) e o fim (morte). Mas nesse quadro do mundo, as fronteiras entre os fenômenos isolados são traçadas de modo diferente, as formas do espaço e do tempo organizam-se de modo diferente.

cules com suas façanhas, mas a sua heroicização trágica. Entre aspas zombeteiras e alegres são tomados o próprio gênero, o estilo, a linguagem, e tomados no campo de uma realidade contraditória que não lhes cabe nos limites. O discurso direto sério, ao tornar-se imagem cômica do discurso, é revelado em suas limitações e incompletude, mas de modo algum desvalorizado. Por isso era possível pensar que o próprio Homero tivesse escrito paródias de estilo homérico.

No material da literatura romana, a questão do "quarto drama" ganha uma iluminação complementar. Suas funções em Roma foram desempenhadas pelas *atellanas*[27] literárias. Quando, na época de Cornélio Sula, as *atellanas* ganharam elaboração literária e um texto acabado, passaram a ser representadas depois das tragédias, no *exodium*. Assim, as *atellanas* de Lúcio Pompônio e Quinto Nóvio eram representadas depois das tragédias de Lúcio Ácio. Entre as *atellanas* e as tragédias havia uma rigorosíssima correspondência. Em solo romano, a exigência de uniformidade dos materiais sério e cômico tinha um caráter mais rigoroso e coerente do que na Grécia. Mais tarde, no *exodium* às tragédias, representavam-se mimos em vez de *atellanas*; estes, pelo visto, também travestiam o material das tragédias precedentes.

A aspiração a fazer acompanhar qualquer elaboração trágica (em geral séria) do material por sua elaboração cômica (paródico-travestizante) teve reflexo também nas artes visuais dos romanos. Por exemplo, nos chamados "dípticos consulares" representa-se habitualmente à esquerda uma cena cômica com máscaras grotescas e, à direita, uma cena trágica. Uma contraposição análoga dessas representações observa-se também nos afrescos de Pompeia. Dieterich, que

---

[27] Farsas de origem osca que tiveram grande sucesso na Roma antiga. No início eram peças em seu todo improvisadas, mas que depois foram ganhando tratamento literário. (N. do T.)

usou a pintura de Pompeia para solucionar o problema das formas cômicas antigas, descreve, por exemplo, dois afrescos situados um contra o outro: em um está representada Andrômeda, salva por Perseu, no oposto, uma mulher nua que se banha em um tanque e está enlaçada por uma cobra, e em sua ajuda se precipitam camponeses com paus e pedras nas mãos.[28] Trata-se de um evidente travestimento paródico da primeira cena mítica. O enredo do mito foi transferido para uma realidade estritamente prosaica; o próprio Perseu foi substituído por camponeses com armas rústicas (compare-se ao mundo da cavalaria de Dom Quixote, quando transferido para a linguagem de Sancho).

Através de diversas fontes, particularmente do livro XIV de Ateneu de Náucratis, sabemos da existência de um imenso universo de formas paródico-travestizantes das mais heterogêneas; sabemos, por exemplo, das manifestações dos *phallophoros* e *deikeliktas* que, por um lado, travestiam os mitos nacionais e locais e, por outro, arremedavam "linguagens" típico-características e maneiras discursivas dos médicos, heteras, camponeses e escravos estrangeiros. Era especialmente rica e diversificada a criação paródico-travestizante da baixa Itália. Aí prosperavam jogos e adivinhas burlescas e paródicas, paródias de discursos científicos e jurídicos, floresciam formas do diálogo paródico (*agon*), variedade que compunha uma parte construtiva da comédia grega. Aí a palavra vive uma vida inteiramente distinta daquela vivida nos gêneros elevados diretos da Grécia.

Lembremos que mesmo o mais primitivo mimo, ou seja, mesmo o mais baixo ator ambulante, sempre devia ter, como o mínimo de sua profissão, duas habilidades: imitar as vozes das aves e dos animais e arremedar o discurso, a expressão

---

[28] Cf. Albrecht Dieterich, *Pulcinella: Pompeyanische Wandbilder und Römische Satyrspiele* [Pulcinella: murais pompeianos e jogos satíricos romanos], 1897, p. 131.

facial e a gesticulação do escravo, do camponês, da alcoviteira, do acadêmico pedante e do estrangeiro. E até hoje é o que faz o ator imitador dos teatros de feira.

Na cultura romana, o universo do riso não era menos rico e diverso que sua contraparte grega. De Roma é particularmente peculiar a persistente vitalidade dos rituais de ridicularização. São amplamente conhecidas as legitimadas ridicularizações dos triunfadores pelos soldados; é amplamente conhecido o riso ritual romano nos funerais; é amplamente conhecida a liberdade legitimada do riso mímico. É dispensável nos estendermos às saturnais; aqui nos importam não as raízes rituais do riso, mas sua produção artístico-literária, importa o papel do riso romano nos destinos do discurso. O riso romano veio a ser uma criação tão profundamente produtiva e imorredoura quanto o direito romano. Esse riso abriu passagem pela massa obscura da seriedade medieval e fertilizou as maiores criações da literatura renascentista; até hoje ele continua a ecoar numa série de manifestações da criação verbal europeia.

A consciência artístico-literária dos romanos não imaginava a forma séria sem um equivalente cômico. A forma séria e direta parecia apenas um fragmento, apenas metade do todo; a plenitude do todo estabelecia-se apenas depois de acrescentada a *contrepartie* cômica dessa forma. Todo o sério devia ter, e tinha, o seu *doubleur* cômico. Assim como nas saturnais o tolo era o *doubleur* do rei, e o escravo, o de seu senhor, igualmente em todas as formas da cultura e da literatura criavam-se os mesmos *doubleurs* cômicos. Por isso a literatura romana, sobretudo a das baixas camadas sociais, a popular, criou um número incomensurável de formas paródico-travestizantes: elas preenchiam os mimos, as sátiras, os epigramas, as conversas de mesa, os gêneros retóricos, as cartas, as diversas manifestações do cômico baixo e popular. A tradição oral (predominantemente) transmitiu muitas dessas formas à era medieval, transmitiu o próprio estilo, e desenrolamentos dos mais ousados, da parodização romana. A cultura europeia aprendeu com Roma a rir e ridicularizar. Contudo, da enorme herança cômica de Roma, o que nos chegou pela tradição escrita é uma quantidade mísera: aqueles de quem dependia a transferência dessa herança eram agelastos[29] que escolheram o discurso sério e rechaçaram como sua profanação os reflexos cômicos, como, por exemplo, as inúmeras paródias de Virgílio.[30*]

Desse modo, além dos grandes protótipos dos gêneros diretos e do discurso direto incondicional, a Antiguidade criou todo um rico universo das formas mais diversas, de tipos e variações de discursos paródico-travestizantes não diretos, feitos por ressalva. Nosso termo "discurso paródico-travestizante" evidentemente não expressa nem de longe toda a riqueza de tipos, variações e matizes do discurso cômico. Mas em que consiste a unidade de todas essas diversas formas cômicas e qual a sua relação com o romance?

Algumas das formas da arte paródico-travestizante reproduzem diretamente as formas dos gêneros por ela parodiados — epopeias paródicas, tragédias paródicas (por exemplo, a *Tragopodagra* de Luciano), discursos jurídicos paródicos, etc. Trata-se da paródia e do travestimento em sentido restrito. Em outros casos, encontramos formas específicas de gênero — o drama satírico, a comédia de improviso, a sátira,

---

[29] Pessoas desprovidas de senso de humor. (N. do T.)

[30*] A irreverência da forma romanesca preparada pelo riso.

O *doubler* cômico era ele mesmo uma profanação, ainda que legitimada pela profanação ritual que restabelecia a plenitude. Essa profanação não destruía, mas complementava a manifestação risível (no fim ou no começo dela).

Essa concepção de mundo desconhecia tanto o conceito quanto a imagem da destruição (conhecia apenas a categoria do esquecimento, da incompletude). O niilismo é um conceito novo. A ressignificação das paródias (do riso em geral) do ponto de vista do niilismo.

A paródia da erudição (Virgilius Grammaticus).

o mimo sem enredo (como os mimos de Herodas[31]), o diálogo sem enredo, etc. Como já dissemos, os gêneros paródicos não pertencem àqueles gêneros que parodiam, isto é, uma epopeia paródica não é, de forma alguma, uma epopeia. Os gêneros específicos de discurso paródico-travestizante, como os que enumeramos, são instáveis, sem enformação composicional, desprovidos de uma ossatura de gênero rígida e definida. No terreno da Antiguidade, o discurso paródico-travestizante era um sem lar em termos de gênero. Todas essas diversas formas paródico-travestizantes constituíam uma espécie de universo específico extragêneros ou intergêneros. Mas esse universo foi unificado. Em primeiro lugar, por seu objetivo comum: criar um corretivo cômico e crítico a todos os gêneros, linguagens, estilos e vozes diretos que existem, fazer com que sintamos, por trás deles, uma outra realidade contraditória, que eles não puderam captar. Em segundo lugar, todos eles foram unificados por um objeto comum: em toda parte esse objeto é a linguagem em suas funções diretas, com isso ela se torna uma imagem da linguagem, uma imagem do discurso direto. Consequentemente, esse universo extragênero ou intergênero é interiormente unificado e, à sua própria maneira, até constitui um todo. Nele, cada fenômeno isolado — um diálogo parodiado, uma cena do cotidiano, uma bucólica cômica, etc. — é concebido como uma espécie de fragmento de alguma totalidade única. A mim essa totalidade parece um imenso romance — multígeno, pluriestilístico, implacavelmente crítico, sobriamente zombeteiro, que reflete toda a plenitude do heterodiscurso e da diversidade de vozes de uma dada cultura, povo e época. Nesse grande romance — espelho do heterodiscurso em formação —, todo

---

[31] Também grafado Herondas ou Herodas de Cós. Poeta de naturalidade incerta que viveu no século III a.C., provavelmente em Alexandria. (N. do T.)

discurso direto, particularmente o discurso dominante, está refletido, em diferentes graus, como algo limitado, típico e característico, em processo de envelhecimento, moribundo, maduro para a substituição e a renovação. E, de fato, a partir dessa grande totalidade de discursos e vozes paródico-travestizantes, o romance estava pronto para surgir em solo antigo como uma formação de múltiplos gêneros e múltiplos estilos, mas não conseguiu absorver e empregar todo o material preparado pelas imagens de linguagem. Tenho em vista o "romance grego" de Apuleio e Petrônio. Pelo visto, o regime escravista não foi capaz de ir além disso.

As formas paródico-travestizantes prepararam o romance num sentido muito importante, francamente decisivo. Libertaram o objeto do poder da linguagem na qual ele havia se embaralhado, como que preso numa rede, e destruíram o poder indivisível que o mito tinha sobre a linguagem, libertaram a consciência do poder que o discurso direto exercia sobre ela, destruíram o fechamento surdo da consciência em seu próprio discurso, em sua própria linguagem. Foi criada uma distância entre a linguagem e a realidade, que era a condição necessária para a criação de formas autenticamente realistas do discurso.

Ao parodiar o discurso direto, o estilo direto, ao apalpar os seus limites, os seus aspectos cômicos, revelando a sua face típico-característica, a consciência linguística colocava-se *fora* desse discurso direto e de todos os seus recursos de expressão e representação. Criava-se um novo *modus* de trabalho criador com a linguagem: o criador começava a olhá--la de fora, com olhos estranhos, do ponto de vista de outra linguagem e de outro estilo possíveis. Porque é justamente à luz de outra linguagem e de outro estilo *possível* que se parodia, traveste-se e ridiculariza-se um estilo direto. A consciência criadora está como que no limite das linguagens e dos estilos. É uma posição muito específica da consciência criadora em face da linguagem. O aedo ou o rapsodo sentia a si mesmo em sua linguagem, em seu discurso, de modo completamente distinto do criador de *A guerra das rãs e dos ratos* ou do criador de *Margites*.

O discurso direto criador — o épico, o trágico, o lírico — opera com o mesmo objeto que ele glorifica, representa, exprime, e também com sua linguagem, como instrumento único e perfeitamente adequado para realizar o seu desígnio concreto e objetal. Esse desígnio e sua composição temático-objetal são inseparáveis da linguagem direta do criador: nasceram e amadureceram nessa linguagem, no mito nacional, na lenda nacional que a permeia. A poesia é completamente diferente da tendência da consciência paródico-travestizante: esta está voltada tanto para o objeto quanto para o discurso paródico do outro sobre esse objeto, discurso que por si mesmo se torna imagem. Cria-se aquela distância entre a linguagem e a realidade a que já nos referimos. Dá-se a transformação da linguagem de dogma absoluto — como é ela no âmbito da linguagem monolíngue, fechada e surda — em hipótese de trabalho para captar e exprimir a realidade.

Contudo, semelhante transformação, em toda a sua principialidade e plenitude, pode se realizar apenas numa determinada condição, ou seja, sob a condição de um *plurilinguismo* substancial. Só o plurilinguismo pode libertar a consciência do poder de sua línguagem e do mito de sua linguagem. As formas paródico-travestizantes florescem nas condições do plurilinguismo e só nele são capazes de se projetar a uma altura ideológica completamente nova.

A consciência literária romana era essencialmente bilíngue. Os gêneros latinos puramente nacionais, concebidos numa língua única, definharam e não ganharam enformação literária. A consciência criativo-literária dos romanos criou, do início ao fim, no campo da língua grega e das formas gregas. Já em seus primeiros passos, o discurso literário latino via a si mesmo à luz do discurso grego, pelos *olhos* do discurso grego; desde o início ele foi um discurso com uma mirada em torno de tipo estilizante; era como se ele se colocasse entre aspas estilístico-reverentes.

A linguagem literária latina, em todas as suas variedades de gênero, criou-se à luz da linguagem literária grega. Sua originalidade nacional e o específico pensamento linguístico a ela inerente foram apreendidos pela consciência criativo-literária de tal maneira como se isso fosse absolutamente impossível nas condições de uma existência monolíngue. Pois objetivar sua própria língua, sua forma interna, sua originalidade cosmovisiva e seu específico *habitus* linguístico só seria possível à luz do outro, da língua do outro, que é quase como a "própria", como a língua materna.

Ao referir-se em uma de suas obras à questão do cruzamento das línguas como fator basilar de sua formação e de seu desenvolvimento *interior*, Nikolai Marr faz a seguinte citação de Ulrich von Wilamowitz-Moellendorff (de seu livro sobre Platão): "Só o conhecimento da língua com um *pensamento diferente* leva à devida compreensão da língua própria...".[32] Não continuarei a citação. Ela trata, antes de tudo, de uma concepção linguística puramente cognitiva da língua própria, concepção realizável apenas à luz de outra língua, da língua do outro; entretanto, essa tese se estende em mesmo grau também ao entendimento criativo-literário da língua no processo da prática artística. Além disso, no processo da criação literária a relação de reciprocidade com a língua do outro ilumina e objetiva justamente o aspecto *cosmovisivo* da minha (e da outra) linguagem, de sua forma interna, do sistema axiológico-acentual que lhe é próprio. Para a consciência criativo-literária, no campo iluminado pela linguagem do outro opera, evidentemente, não o sistema fonético da minha própria língua, não as suas peculiaridades morfológi-

---

[32] Cf. Nikolai Marr, "As principais conquistas da teoria jafética", em *Etapas do desenvolvimento da teoria jafética* (1933), p. 202. Veja-se ainda: Wilamowitz-Moellendorff, *Platon*, Berlim, 1920, p. 290.

cas, não o seu léxico abstrato, mas precisamente aquilo que torna a língua uma concepção de mundo concreta e não traduzível até o fim, ou seja, opera o *estilo da linguagem como um todo*.

Para a consciência criativo-literária bilíngue (e assim era a consciência do literato romano), a língua em sua totalidade — a sua-natal e a sua-alheia — é um *estilo* concreto e não um sistema linguístico abstrato. A percepção da totalidade da língua própria como estilo — percepção um tanto fria e "exteriorizante" — era algo extraordinariamente característico do literato romano. Ele escrevia e falava *estilizando*, sempre com algum alheamento frio da língua própria. Por isso, a *franqueza* objetiva e expressiva do discurso literário latino é sempre um tanto *convencional* (como qualquer estilização é convencional). O elemento da estilização é próprio de todos os grandes gêneros diretos da literatura romana e existe mesmo numa criação tão grandiosa como a *Eneida*.

Mas não se trata apenas do bilinguismo cultural da Roma literária. O início da literatura romana caracteriza-se pelo trilinguismo. "Três almas" viviam no peito de Ênio.[33] Mas três almas — três línguas-culturas — viviam no peito de quase todos os iniciadores do discurso literário romano, de todos esses tradutores estilizadores, que vieram para Roma da Baixa Itália, onde se cruzavam as fronteiras de três línguas e culturas — a grega, a osca e a romana. A Baixa Itália foi o foco de uma cultura especificamente mesclada, híbrida, e de formas literárias mescladas, híbridas. A esse foco cultural trilíngue está substancialmente vinculado o surgimento da literatura romana: ela nasceu no processo de interiluminação de

---

[33] Quinto Ênio (239-169 a.C.), dramaturgo e poeta romano nascido em Rudiae, região da Magna Grécia italiana. Ênio se expressava com grande desenvoltura em latim, osco e grego, e exerceu grande influência sobre Lucrécio, Virgílio e outros poetas italianos. (N. do T.)

três línguas: da língua própria-materna e de duas línguas próprias-alheias.

Do ponto de vista do plurilinguismo, Roma é apenas a última etapa do Helenismo, etapa que se concluiu com a transferência, para o mundo bárbaro da Europa, de um plurilinguismo essencial, e com a criação de um novo tipo de plurilinguismo medieval.

O Helenismo criou para todos os povos bárbaros que com ele comungavam uma poderosa e iluminadora instância de línguas estrangeiras. Essa instância teve um papel funesto em relação às formas nacionais diretas do discurso ficcional; ela sufocou quase todos os germes da epopeia e da lírica nacional, nascidos das surdas profundezas do monolinguismo, transformou o discurso direto dos povos bárbaros — o épico e o lírico — em um discurso semiconvencional e semiestilizado. Mas, em compensação, favoreceu de modo excepcional o desenvolvimento de todas as formas do discurso paródico--travestizante. No campo helenístico e romano-helenístico foi possível estabelecer a máxima distância entre o falante (criador) e sua língua, entre a língua e o mundo temático-objetal. Só nessas condições foi possível o poderoso desenvolvimento do riso romano.

Um complexo plurilinguismo caracteriza o Helenismo. O Oriente, ele mesmo plurilíngue e pluricultural, todo cortado por fronteiras entrecruzadas de culturas e línguas antigas, nada tinha a ver com um universo monolíngue ingênuo e passivo em relação à cultura grega. O próprio Oriente era portador de um antigo e complexo plurilinguismo. Por todo o universo helenístico estavam disseminados centros, cidades e povoados onde diversas culturas e línguas coabitavam de forma direta num entrelaçamento peculiar. Eis, por exemplo, Samósata, a pátria de Luciano, que desempenhou um enorme papel na história do romance europeu. Os habitantes nativos de Samósata eram sírios, que falavam aramaico. Toda a elite urbana local com formação literária falava e escrevia em grego. A língua oficial da administração e da burocracia era o latim; os burocratas eram romanos, havia na cidade uma legião romana estacionada. Uma estrada real (muito importante em termos estratégicos) atravessava Samósata, e por ela passavam as línguas da Mesopotâmia, da Pérsia e até da Índia. Nesse ponto de interseção de culturas e línguas nasceu e formou-se a consciência cultural e linguística de Luciano. Foi análogo o meio cultural e linguístico do africano Apuleio e dos criadores dos romances gregos, na maioria dos casos bárbaros helenizados.

Em seu livro sobre a história do romance grego, Erwin Rohde analisa o processo de desintegração do mito nacional grego em solo helenístico e o processo conexo de desagregação e apequenamento das formas da epopeia e do drama, possíveis apenas no terreno de um mito nacional único e integral.[34] Rohde praticamente não faz referência à questão da linguagem e do estilo, não elucida o papel do plurilinguismo. Para ele, o romance é produto da desintegração e degradação dos grandes gêneros diretos. Em parte isto é certo: todo o novo nasce da morte do velho. Mas Rohde não é dialético. Foi justamente o novo que ele não viu. Ele quase acerta ao definir a importância do mito nacional único e integral para a criação das grandes formas da epopeia grega, da lírica e do drama. Mas o processo de desintegração do mito nacional, fatal para os gêneros monolíngues diretos do Helenismo, mostrou-se eficaz para o nascimento e o desenvolvimento do novo discurso artístico da prosa romanesca. O papel do plurilinguismo nesse processo de morte do mito e nascimento da sensatez romanesca é excepcionalmente importante. No processo da iluminação ativa e mútua das línguas e culturas, a língua tornou-se algo inteiramente diferente, sua própria qua-

---

[34] Cf. Erwin Rohde, *Der griechische Roman und seine Vorläufer* [O romance grego e seus precursores], Leipzig, 1876.

lidade mudou: em vez do universo linguístico ptolomaico único e fechado, surgiu o universo galilaico aberto, de múltiplas línguas que se iluminam em reciprocidade.

Entretanto, o mal é que o romance grego representa de forma muito precária esse novo discurso da consciência plurilíngue. No fundo, esse romance resolveu apenas o problema do enredo (e ainda assim em parte). Foi criado um novo e grande gênero *multígeno*, que incorporava todo tipo de diálogo, peças líricas, cartas, discursos, descrições de países e cidades, novelas, etc. Era uma enciclopédia de gêneros. Mas esse romance multígeno era praticamente de um estilo único. Nele, o discurso era semiconvencional, estilizado. Característica de toda multiplicidade de linguagens, a diretriz estilizante voltada para a língua encontra aqui sua expressão mais clara. Todavia, aqui também há formas semiparódicas, travestizantes e irônicas; elas provavelmente são bem mais numerosas do que admitem os estudiosos. As fronteiras entre o discurso semiestilizado e o semiparódico soem ser muito instáveis. Porque num discurso estilizado basta ressaltar ligeiramente sua natureza convencional para que ele adquira um leve caráter paródico, irônico, de ressalva: "isso quem está dizendo não sou propriamente eu, talvez eu o dissesse de maneira diferente". Mas no romance grego quase não há imagens de linguagens, dos reflexos da época, que fala usando o heterodiscurso. Nesse sentido, algumas variedades da sátira helenística e romana são incomparavelmente mais "romanescas" do que o romance grego.

Devemos ampliar um pouco o conceito de plurilinguagem. Até agora, falamos da iluminação recíproca das grandes línguas nacionais que se *formaram* e se unificaram (o grego, o latim), que passaram previamente pela longa etapa de um monolinguismo relativamente estável e tranquilo. Mas vimos que, mesmo no período clássico de sua existência, os gregos já dispunham de um riquíssimo universo de formas paródicas e travestizantes. É pouco provável que tamanha riqueza de imagens de linguagem pudesse surgir nas condições de um monolinguismo surdo e fechado.[35*]

Não se pode esquecer que todo monolinguismo é, no fundo, relativo. Ora, minha língua única não é a única: nela sempre há remanescentes e potencialidades da diversidade linguística, percebidos de maneira mais ou menos aguda pela consciência criadora linguístico-literária.[36*]

Do ponto de vista histórico (ou melhor, proto-histórico), toda língua é um híbrido. Não existem línguas puras nem tribos puras. À luz dos estudos da jafetologia,[37] descobre-se a relatividade total do conceito de "próprio" no campo da língua, do pensamento e da cultura. O acadêmico Meschanínov é muito espirituoso ao demonstrar o relativismo do "próprio" quando aplicado à etimologia.[38] Ele demonstra que as palavras tomadas de empréstimo são gradualmente assimiladas, perdem sua natureza alheia e se tornam próprias, introduzindo-se no vocabulário básico desse povo. Se retirarmos da língua de um povo primeiro as palavras nitidamente tomadas de empréstimo, depois aquelas que perderam a data

---

[35*] A linguagem monotonal da etiqueta e da polidez (seu caráter épico). O discurso familiar e a indecência do tom sério nos meios seculares (a restauração parcial da plenitude).

A eterna luta contra a monotonalidade. As esferas extraoficiais do discurso servem à bitonalidade. A influência da monotonalidade no pensamento e na estrutura das imagens.

[36*] Mas para a consciência falante sempre existe a língua "própria" e a língua "alheia". Os diferentes graus do "próprio" e do "alheio" (para a consciência).

[37] Teoria criada pelo linguista georgiano Nikolai Iákovlievitch Marr (1865-1934), hoje reconhecida como uma doutrina pseudocientífica popularizada por motivos ideológicos. A jafetologia contesta a teoria do indo-europeu e propõe que todas as línguas pré-indo-europeias pertenceriam a um mesmo grupo, o chamado "jafético". (N. do T.)

[38] Cf. Ivan Ivánovitch Meschanínov, *O problema da classificação das línguas à luz de uma nova doutrina da língua*, 1935. (N. do T.)

do empréstimo mas existem em outros sistemas linguísticos, depois as palavras que existem por seus equivalentes em outros grupos, e assim por diante, então em cada língua restará um acervo de vocábulos bem limitado, e mesmo este acervo poderá ser facilmente considerado como herança de línguas desaparecidas, em cuja base criou-se a língua estudada. Desse modo, ao fim e ao cabo se verificará que "nenhuma língua é dona de seu acervo independente de palavras e que todo o seu vocabulário é composto de elementos alheios". É essa a conclusão do acadêmico Meschanínov. É claro que se pode aplicar o mesmo relativismo do "próprio" e do "alheio" não só em relação ao vocabulário, como a todas as outras formas da língua.

A jafetologia mostra o papel excepcionalmente importante dos cruzamentos e junções na vida das línguas. Segundo a doutrina de Marr, a língua, a cultura e o pensamento nascem em geral no processo de cruzamento das línguas tribais concisas. Nessa fase da vida das línguas, sua política interna, por assim dizer, se funde com sua política externa: qualquer mudança da língua já é uma saída para além do seu âmbito, para o campo da língua alheia. E nas fases posteriores do desenvolvimento das línguas a junção e o cruzamento mantêm sua importância.

Contudo, independentemente da jafetologia, a ciência acumulou uma reserva de fatos que testemunham a intensa luta interlinguística e intralingüística, que precedeu a situação relativamente estável que conhecemos da língua grega. Um número considerável de raízes dessa língua pertence à língua da etnia que antes dos gregos (Marr demonstra o caráter jafético dessa língua) habitava o seu território. Encontramos na língua literária grega uma singular consolidação dos dialetos por trás de gêneros isolados (o jônico por trás do épico, o eólico por trás da lírica, o dórico por trás da tragédia). Por trás desses simples fatos esconde-se o complexo processo de luta de línguas e dialetos, das hibridizações e purificações, das alternâncias e renovações, um longo e tortuoso caminho da luta pela unidade da linguagem literária e de suas variedades de gêneros. Depois veio o início de um longo período de relativa estabilidade. Mas a memória dessas tempestades linguísticas do passado conservou-se não só em vestígios e resíduos linguísticos solidificados, mas também nas formações estilístico-literárias, e antes de tudo nas formas da criação verbal paródico-travestizante.

No período histórico da vida dos helenos, estável e monolíngue em termos linguísticos, todos os seus enredos, todo o seu material temático-objetal, todo o seu campo basilar de imagens, expressões e entonações nasceram para eles no seio da sua língua materna. Tudo o que veio de fora (e o que veio não foi pouco) foi assimilado no meio poderoso e seguro do monolinguismo fechado, que olhava com desdém para o plurilinguismo do mundo bárbaro. Do seio deste monolinguismo seguro e incontestável nasceram os grandes gêneros diretos dos helenos — a epopeia, a lírica e a tragédia. Estes expressavam as tendências centralizadoras da sua língua. Mas, paralelamente, sobretudo nas camadas inferiores da sociedade, florescia a criação paródico-travestizante, que conservava a lembrança da antiga luta linguística e era constantemente alimentada pelos processos de estratificação e diferenciação da língua.

Da questão do plurilinguismo também é inseparável o problema do heterodiscurso intralinguístico, isto é, o problema da diferenciação interna, da estratificação de toda língua nacional. Esse problema tem uma importância primordial para a compreensão do estilo e dos destinos históricos do romance europeu da Idade Moderna, a partir do século XVII. Em sua estrutura estilística, esse romance reflete a luta entre as tendências centralizadoras (unificadoras) e descentralizadoras (que estratificam a língua) nas línguas dos povos europeus. O romance sente a si mesmo na fronteira entre a linguagem literária acabada e dominante e as linguagens extraliterárias do heterodiscurso; ele ou serve às tendências centralizadoras da nova linguagem literária em formação (com suas normas gramaticais, estilísticas e ideológicas) ou, pelo contrário, luta pela renovação da linguagem literária envelhecida por conta daqueles estratos da língua nacional que permaneceram (em diferentes graus) fora da influência centralizadora e unificadora da norma artístico-ideológica da linguagem literária dominante. A consciência linguístico-literária do romance da Idade Moderna, ao sentir-se na fronteira entre o heterodiscurso literário e o extraliterário, sente-se, com isso, na fronteira dos tempos: sente com excepcional agudeza o tempo na linguagem, sua substituição, o envelhecimento e a renovação da linguagem, o passado e o futuro na linguagem. É evidente que todos esses processos de substituição e renovação da língua nacional, refletidos pelo romance, nele não têm caráter linguístico-abstrato: são inseparáveis da luta social e ideológica, dos processos de formação e renovação da sociedade e do povo.

Desse modo, a heterodiscursividade interna da língua tem um significado primordial para o romance. Mas essa heterodiscursividade só pode atingir a plenitude de sua consciência criadora nas condições de um plurilinguismo ativo. O mito da língua única e o mito da linguagem única morrem simultaneamente. Por isso, o romance europeu da Idade Moderna, que reflete o heterodiscurso interno e a decadência e renovação da linguagem literária e de seus diversos gêneros, também pôde ser preparado por aquele plurilinguismo da Idade Média pelo qual passaram todos os povos europeus, e por aquela aguda iluminação recíproca das línguas que ocorreu na época do Renascimento, no processo de substituição da língua ideológica (latim) e da passagem dos povos europeus para o monolinguismo crítico da Idade Moderna.

III

Foi riquíssima a literatura cômica, paródico-travestizante da Idade Média. Pela riqueza e diversidade de suas formas paródicas, a Idade Média tem parentesco com Roma. É preciso dizer que, numa série de aspectos de sua criatividade cômica, a Idade Média foi, pelo visto, herdeira direta de Roma, em particular da tradição das saturnais, que continuou a viver em forma modificada durante toda a Idade Média. Por mais estranho que pareça, a ridente Roma das saturnais, coroada por um gorro de bobo — a *"pileata Roma"*[39] de Marcial — conseguiu manter sua força e seu encanto nos tempos mais obscuros da Idade Média. Mesmo a produção cômica original dos povos europeus, que crescera com base no folclore local, era bastante considerável.

Um dos problemas estilísticos mais interessantes do Helenismo é o da citação. Eram infinitamente diversas as formas de citações explícitas, furtivas e semifurtivas, as formas de molduragem pelo contexto, as formas de aspas de entonação, os diferentes graus de alienação ou assimilação da palavra alheia citada. E aqui não raro surge um problema: um autor cita com veneração ou, ao contrário, com ironia, com zombaria. A ambiguidade em relação à palavra do outro é frequentemente deliberada.

Na Idade Média, a relação com a palavra do outro não era menos complexa e ambígua. Na literatura medieval era grandioso o papel da palavra alheia, da citação salientada de modo explícito e reverente, furtivo, semifurtivo, consciente, semiconsciente, correto, intencionalmente deturpado, involuntariamente deturpado, deliberadamente reassimilado, etc... As fronteiras entre o discurso próprio e o discurso do outro eram instáveis, ambíguas, amiúde deliberadamente si-

---

[39] Em latim no original: "Roma em gorro festivo", expressão empregada nos epigramas de Marcial que celebram as saturnais. (N. do T.)

nuosas e confusas. Algumas modalidades de obras foram construídas como um mosaico de textos alheios. Por exemplo, o chamado "cento" (um gênero específico) era constituído apenas de versos e hemistíquios alheios. Paul Lehmann, um dos melhores conhecedores da paródia medieval, afirma amplamente que a história da literatura medieval, da latina em especial, "é a história da aceitação, reelaboração e imitação do bem alheio".[40] Nós diríamos: da língua alheia, do estilo alheio, do discurso alheio.

Esse discurso do outro na língua do outro era antes de tudo a palavra de autoridade e sagrada da Bíblia, do Evangelho, dos apóstolos, dos pais e mestres da Igreja. Esse discurso se introduz paulatinamente no contexto da literatura medieval e no discurso dos homens instruídos, dos clérigos. Mas como ele se introduz, como é aceito pelo contexto que o recebe, em que aspas de entonação ele é encerrado? E eis que se descobre toda uma gama de atitudes em relação a esse discurso, começando pela citação reverente e inerte, destacada e demarcada como um ícone, e terminando pelo seu emprego mais ambíguo e indecentemente paródico-travestizante. As transições entre os diversos matizes dessa gama costumam ser tão instáveis e ambíguas que amiúde é difícil decidir se o emprego da palavra sagrada é reverente, familiar, ou até mesmo se faz-se um jogo paródico com ela e, neste último caso, qual o grau de liberdade desse jogo.

Em pleno raiar da Idade Média surge uma série de magníficas obras paródicas. Uma das quais é a famosa *Coena Cypriani*, ou seja, *A ceia de Cipriano*. Trata-se de um interessantíssimo simpósio gótico. Mas como ele foi feito? Toda a Bíblia, todo o Evangelho, é como que feita em retalhos, e esses retalhos são posteriormente dispostos de tal modo que se

---

[40] "[...] eine Geschichte der Aufnahme, Verarbeitung und Nachahmung fremden Gutes." Cf. Paul Lehmann, *Die Parodie im Mitelalter* [A paródia na Idade Média], 1922, p. 10.

transformam na cena grandiosa de um banquete, no qual bebem, comem e se divertem todas as personagens da história sagrada, de Adão e Eva a Cristo e seus apóstolos.[41*] Todos estão à mesa e comem, bebem, comportando-se nesse banquete em plena correspondência com a Bíblia. Judas, por exemplo, está sentado num baú de dinheiro, mas durante a segunda parte do banquete (que é, na verdade, um simpósio), distribui beijos a todos; Noé está sentado em sua arca e, claro, bebe até cair morto de bêbado; um galo não dá sossego ao apóstolo Pedro, que tenta cochilar, etc. Nessa obra, a correspondência de todos esses detalhes aos da Sagrada Escritura é moderada com rigor e precisão, mas, ao mesmo tempo, nela toda a Escritura foi transformada num carnaval, ou melhor, numa saturnal. É uma *"pileata Biblia"*.

Mas qual é a intenção do autor dessa obra? Qual a sua atitude em relação à Sagrada Escritura? Para essas perguntas os pesquisadores têm diferentes respostas. Todos, evidentemente, concordam que aí ocorre um certo jogo com a palavra sagrada, mas o grau de liberdade e o sentido desse jogo são apreciados de diferentes maneiras. Vários pesquisadores afirmam que o objetivo desse jogo é o mais ingênuo, algo puramente mnemônico: ensinar brincando. Para ajudar os fiéis — que até recentemente eram pagãos — a recordar melhor as imagens e os acontecimentos da Sagrada Escritura, o autor da *Coena Cypriani* urdiu dela a imagem mnemônica de um banquete. Outros pesquisadores veem na *Coena* uma franca paródia sacrílega.

Citamos esses juízos dos pesquisadores apenas a título de exemplo. Eles testemunham a complexidade e a ambiguidade do tratamento medieval da palavra sagrada alheia. A *Coena Cypriani*, é, sem dúvida, um instrumento mnemônico. É uma paródia, ou melhor, um travestimento paródico. Con-

---

[41*] Trata-se de uma capa de arlequim feita de fatias policrômicas da existência.

tudo, não se pode transferir para a paródia medieval (tampouco para a antiga) as concepções atuais do discurso paródico. As funções da paródia na Idade Moderna são estreitas e desimportantes. A paródia mirrou, seu papel na literatura moderna é negligenciável. Nós vivemos, escrevemos e conversamos num mundo de uma linguagem livre e democratizada; a antiga, complexa e multifacetada hierarquia de palavras, formas, imagens e estilos, que havia penetrado todo o sistema da linguagem oficial e da consciência linguística, foi varrida pelas reviravoltas linguísticas da época do Renascimento. As línguas *literárias* europeias — a francesa, a alemã, a inglesa — foram criadas no processo de destruição dessa hierarquia; além disso, os gêneros cômicos e travestizantes da Idade Média tardia e do Renascimento — novelas, brincadeiras carnavalescas, sotas, farsas e, por último, os romances — formaram essas línguas. A linguagem literária da prosa francesa foi criada por Calvino e Rabelais, mas a linguagem de Calvino, a linguagem das camadas médias da população (os "vendeiros e artesãos") portava um rebaixamento deliberado e consciente, quase um travestimento da linguagem sagrada da Bíblia. As camadas médias das linguagens populares, ao se tornarem linguagem das elevadas esferas da ideologia e da Sagrada Escritura, foram interpretadas como um travestimento rebaixador dessas esferas elevadas. Por isso, no terreno das novas linguagens restou à paródia apenas um lugar bem modesto: essas linguagens quase não conheciam, e ainda não conhecem, as palavras sagradas, e elas mesmas, até certo ponto, nasceram da paródia do discurso sagrado.

Contudo, o papel da paródia na Idade Média foi muito importante: ela preparou a nova consciência linguístico-literária, e preparou também o grande romance renascentista.

A *Coena Cypriani* é um protótipo antiquíssimo e magnífico da *parodia sacra* medieval, ou seja, uma paródia dos textos e rituais sagrados. Suas raízes profundas remontam à antiga paródia ritual, ao escarnecimento ritual e à ridicularização do poder superior. Mas essas raízes estão distantes, o antigo elemento ritual foi reapreciado, e a paródia desempenha as funções novas e substanciais de que falamos antes.

Cabe ressaltar antes de tudo a liberdade reconhecida e legalizada de parodização. A Idade Média respeitava, com maiores ou menores ressalvas, a liberdade do gorro de bobo e concedia ao riso e ao discurso do riso direitos bastante amplos. Essa liberdade, no entanto, era predominantemente limitada às festas e recreações escolares. O riso medieval é um riso festivo. São conhecidas a "festa dos tolos", a "festa do asno", todas paródico-travestizantes e celebradas pelo baixo clero nas próprias igrejas. É muito peculiar o *risus paschalis*, ou seja, o riso pascal. Nos dias da Páscoa, a tradição permitia o riso na igreja. Do púlpito o pregador se permitia livres brincadeiras e piadas alegres, para suscitar nos paroquianos um riso que se concebia como o alegre renascimento depois de dias de desalento e jejum. Muitas obras paródico-travestizantes da Idade Média estão direta ou indiretamente ligadas ao *risus paschalis*. Não era menos eficaz o "riso natalino" (*risus natalis*): diferentemente do *risus paschalis*, ele não se exprimia em forma de narrativas, mas de cantos. Os hinos religiosos sérios eram cantados com melodias de cantos de rua e, desta forma, ressignificados. Paralelamente, foi criada uma imensa e volumosa produção de cantos especificamente natalinos, nos quais a reverente temática natalina se entrelaçava com motivos populares da morte alegre do velho e do nascimento do novo. Com frequência, nesses cantos predominava a ridicularização paródico-travestizante do velho, sobretudo na França, onde o *noël*, isto é, o canto natalino, tornou-se um dos gêneros mais populares da canção revolucionária de rua (lembremos o *noël* de Púchkin,[42] com seu em-

---

[42] O poema "Noël", de 1818, alude satiricamente o regresso do tsar Alexandre I do Congresso de Aix-la-Chapelle (atual Aachen), onde reuni-

prego paródico-travestizante da temática natalina). No riso festivo quase tudo era permitido.

Eram igualmente amplos os direitos e liberdades das recreações escolares, que desempenhavam um grande papel na vida cultural e literária da Idade Média. A arte recreativa era predominantemente uma arte paródico-travestizante. O aluno escolar dos mosteiros medievais, seu futuro estudante, durante as recreações ridicularizava com plena consciência tudo o que era objeto dos seus estudos reverentes durante o ano — da Sagrada Escritura à gramática latina. A Idade Média criou toda uma série de variações paródico-travestizantes da gramática latina. Os casos, as formas verbais e as categorias gramaticais em geral eram reinterpretadas no plano erótico--obsceno, ou no plano da comida e da bebida, ou, por fim, no plano da ridicularização da hierarquia e da subordinação eclesiástica e monacal. À frente dessa original tradição gramatical aparece, no século VII, a obra de Virgilius Maro Grammaticus. Trata-se de uma obra de erudição extraordinária, saturada de um incrível número de referências, de todo tipo de citações de autoridades do mundo antigo, que, às vezes, nunca existiram; numa série de casos, as citações eram paródicas. Análises gramaticais sérias e bastante sutis se entrelaçam com um acentuado exagero paródico dessa própria sutileza e do escrúpulo das análises eruditas: representa-se, por exemplo, uma sábia disputa, que dura duas semanas, sobre o *vocativus* do *ego*, ou seja, o caso vocativo do pronome "eu". No conjunto, o Virgilius Grammaticus faz a paródia mais sutil, mais notável do pensamento gramático formal da Antiguidade tardia. Trata-se de uma saturnal gramatical, uma *"grammatica pileata"*.

ra-se com os chefes de Estado de outras potências imperiais europeias. Trata-se do único poema deste gênero que nos chegou, embora Púchkin tenha escrito vários deles. (N. do T.)

É peculiar o fato de que muitos eruditos medievais interpretavam esse tratado gramatical, ao que parece, com absoluta seriedade. E os eruditos de hoje estão longe de serem unânimes na avaliação do caráter e do grau de parodização dessa prática. Essa é mais uma demonstração de como são instáveis na literatura medieval as fronteiras entre o discurso direto e o discurso paródico e refratado.

O riso festivo e recreativo era um riso plenamente legalizado. Durante todos esses dias permitia-se como que renascer do túmulo da seriedade medieval autoritária e reverente, permitia-se transformar o discurso direto sagrado em máscara paródico-travestizante. Nessas condições, torna-se compreensível que a *Coena Cypriani* pudesse gozar de imensa popularidade até mesmo nos severos círculos eclesiásticos. No século IX, o severo abade de Fulda, Rábano Mauro, reconstruiu-a em forma poética; a *Coena* era lida às mesas dos banquetes dos reis e encenada pelos alunos das escolas monásticas.

A grandiosa literatura paródico-travestizante medieval era criada no clima das festas e recreações. Não havia um gênero, um texto, uma oração, um sermão que não ganhasse o seu equivalente paródico. Chegaram até os nossos dias liturgias paródicas — a liturgia dos bêbados, a liturgia dos jogadores, a liturgia do dinheiro —, assim como nos chegaram inúmeras leituras paródicas do Evangelho, que começavam pelo tradicional *Ab illo tempore*, ou seja, "desde tempos imemoriais", e às vezes continham relatos bastante obscenos. Um número imenso de orações e hinos paródicos também chegou aos nossos dias. O erudito finlandês Eero Ilvoonen, em sua dissertação *Parodies de thèmes pieux dans la poésie française du Moyen Âge* (Helsinki, 1914) publica textos de seis paródias do *Pater noster*, duas do *Credo*, uma da *Ave Maria*, etc., mas apresenta apenas textos mistos franco-latinos. O número dessas paródias latinas e mistas é infinito nos códex manuscritos da Idade Média. Novati, em seu *Parodia sacra*, faz um apanhado de apenas uma parte dessa literatura.[43] São extraordinariamente diversos os procedimentos estilísticos dessa parodização, desse travestimento, dessa reassimilação e reacentuação. Até hoje esses procedimentos foram estudados muito mal e sem a devida profundidade estilística.

Além da *parodia sacra*, podemos encontrar em outros gêneros e obras cômicas medievais a parodização variada e o travestimento da palavra sagrada, como, por exemplo, na epopeia cômica animal.

O herói de toda essa grandiosa literatura paródica, predominantemente latina (e, em parte, mista) foi o discurso direto de autoridade, sagrado, numa língua alheia. Esse discurso, seu estilo e seu sentido tornaram-se objeto de representação, transformaram-se numa imagem limitada e risível. A *parodia sacra* latina é construída no campo da língua vulgar nacional. O sistema acentual dessa língua penetra no interior do texto latino. Por isso a paródia latina é, em essência, um fenômeno bilíngue: embora a língua seja única, é construída e percebida à luz de outra língua; às vezes não apenas os acentos, mas também as formas sintáticas da língua vulgar são sentidas de forma nítida na paródia latina. A paródia latina é um híbrido bilíngue intencional. E assim chegamos à questão do *híbrido intencional*.

Toda paródia, todo travestimento, todo discurso empregado com ressalvas, com ironia, encerrado em aspas de entonação, em geral, todo discurso indireto é um híbrido intencional; embora monolíngue, trata-se de um híbrido de ordem estilística. De fato, no discurso paródico encontram-se e cruzam-se dois estilos, duas "linguagens" (intralinguísticas): a linguagem parodiada — por exemplo, a linguagem de um poema heroico — e a linguagem parodiante, a linguagem prosaica baixa, a linguagem coloquial familiar, a linguagem

---

[43] Cf. Francesco Novati, *La parodia sacra nelle letterature moderne*, Turin, 1889.

dos gêneros realistas ou a linguagem literária "normal", "sadia", do ponto de vista do autor de paródia.[44*] Essa segunda linguagem paródica, em cujo campo se constrói e se percebe a paródia, não entra ela mesma na própria paródia (quando a paródia for rigorosa), mas está invisivelmente presente nela. Porque toda paródia mexe nos acentos do estilo parodiado, condensa alguns elementos dele, deixando outros na sombra; a paródia é parcial, e essa parcialidade é ditada pelas peculiaridades da língua parodiante, por seu sistema acentual, por sua estrutura — nós sentimos o efeito dessa língua sobre a paródia e somos capazes de identificá-lo, como às vezes identificamos com nitidez o sistema acentual, a construção sintática, os tempos e o ritmo de uma determinada linguagem vulgar numa paródia latina pura (ou seja, reconhecemos quando um francês ou um alemão escreveu essa paródia). Em termos teóricos, podemos tatear e identificar em qualquer paródia aquela linguagem "normal", o estilo "normal" à luz do qual se criou essa paródia, mas na prática isso não é nada fácil e dista de ser sempre possível.

Desse modo, na paródia cruzaram-se duas línguas, dois estilos, dois pontos de vista linguísticos, dois sentidos linguísticos e, em essência, dois sujeitos do discurso; é verdade que uma dessas línguas (a parodiada) está ela mesma presente, ao passo que a outra se faz presente de forma invisível como campo ativo da criação e da percepção. A paródia é um híbrido intencional, mas habitualmente um híbrido intralinguístico, que se alimenta às custas da estratificação da linguagem literária em linguagens de gênero e linguagens tendenciais.

Todo híbrido estilístico intencional é em certa medida dialogizado.[45*] Isso significa que as linguagens que nele se

---

[44*] O "ideal" de linguagem e estilo, de cujo ponto de vista (à luz da qual) se parodia um dado texto (estilo, gênero).

[45*] 1) A natureza *dialógica* do híbrido estilístico intencional. As lín-

cruzam relacionam-se entre si como réplicas de um diálogo: é uma discussão entre linguagens, uma discussão entre estilos linguísticos. Mas não se trata de um diálogo de enredos, nem de um diálogo semanticamente abstrato: é um diálogo de pontos de vista concreto-linguísticos que não se traduzem um no outro.

Assim, toda paródia é um híbrido intencional dialogizado. Nela, as línguas e os estilos interagem ativamente.

Toda palavra empregada com ressalvas, encerrada entre aspas de entonação, pode ser igualmente um híbrido intencional desde que o falante se isole dessa palavra como se isola da "língua", do estilo, desde que essa palavra soe para ele, por exemplo, como excessivamente vulgar ou, pelo contrário, excessivamente requintada ou grandiloquente, ou desde que

guas se relacionam como réplicas de um diálogo. Dois sujeitos do discurso. Esse é um drama linguístico peculiar. O momento da encenação. As aspas de entonação sempre são o embrião dessa encenação. Essa encenação (a dramatização da estratificação linguística) distingue o léxico do romance do léxico da poesia (onde só há uma voz monoliticamente una e fechada).

O híbrido intencional é uma formação bilíngue, bitonal, bivocal, de dois corpos. Contudo, as linguagens, vozes e corpos não se separaram de modo definitivo — e nisto reside a especificidade da imagem romanesca.

Os elevados procedimentos lexicais (os arcaísmos) podem ser procedimentos poéticos absolutamente puros. Entretanto, o baixo léxico (o vulgarismo, o prosaísmo, etc.), justamente por sentirmos sua "baixeza", destrói o plano da linguagem (mesmo quando há plena solidarização poética com esses elementos), e por isso, em certa medida, é sempre romanesco.

2) O arcaísmo como procedimento sintático (sem aspas) e o arcaísmo como híbrido intencional (entre aspas, ainda que sejam de entonação). Essa distinção diz respeito a todos os procedimentos do léxico poético (os barbarismos, vulgarismos, etc.). Cabe distinguir rigorosamente os empregos poético e romanesco desses elementos (no último caso, por trás deles sempre há a linguagem do outro e a voz do outro, e elas são dialogizadas, vão além dos limites do plano monolinguístico).

3) O mundo do romance é um mundo que não deve ser perpetuado. A perenidade do próprio romance reside na perenidade e na profundidade dos seus problemas (na sua inconclusibilidade).

ela responda com uma determinada tendência, uma determinada maneira linguística, etc.

Mas voltemos à *parodia sacra* latina. Trata-se de um híbrido intencional dialogizado, mas um híbrido de linguagens. É um diálogo de linguagens, embora uma delas (a vulgar) apareça apenas como campo ativo dialogante. Estamos diante de um diálogo folclórico interminável: o debate do carrancudo discurso sagrado com o alegre discurso popular, algo como os famosos diálogos medievais do rei Salomão com o alegre pícaro Marcolfo;[46] mas Marcolfo debatia com Salomão em latim, ao passo que aqui se discute em diferentes línguas. O discurso sagrado, alheio e estrangeiro, é atravessado por acentos das linguagens populares vulgares, é reacentuado e reassimilado no campo dessas linguagens, condensando-se numa imagem risível, numa máscara cômica carnavalesca do pedante limitado e sombrio, ou do velho santarrão hipocritamente adocicado, ou de um Koschêi[47] avarento e mirrado. Essa *parodia sacra* manuscrita, grandiosa pelo volume e quase milenar é um atestado magnífico e ainda mal lido sobre a tensa luta e interiluminação das línguas, algo que aconteceu em todo o território da Europa Ocidental. Trata-se de um drama linguístico representado como uma farsa alegre. São saturnais linguísticas — uma *"lingua sacra pileata"*.

O discurso sagrado latino é um corpo estranho que invadiu os organismos das línguas europeias. Ao longo de toda a Idade Média, os organismos das línguas nacionais expeliram esse corpo. Não expeliam o objeto, mas a palavra assi-

---

[46] O autor faz referência às diversas versões em línguas europeias da obra *Dialogus Salomonis et Marcolphi* (1470), que já circulava em manuscritos no século VI. Na versão em língua inglesa medieval, Marcolfo chama-se Saturno. (N. do T.)

[47] Koschêi, o imortal, é uma personagem folclórica dos contos populares russos. É um velho magro, descarnado, rico e cruel, detentor do segredo da longevidade. (N. do T.)

milada, que povoara todas as camadas superiores do pensamento ideológico nacional. A expulsão da palavra sagrada estrangeira tinha caráter dialogizado e era levada a cabo sob o disfarce do riso festivo e recreativo. Assim como, nas formas mais antigas do divertimento festivo-popular, expulsavam-se o rei velho, o ano velho, o inverno e a Páscoa. Assim era a *parodia sacra*.

Contudo, todo o restante da literatura latina medieval é também, em essência, um grande e complexo híbrido dialogizado. Não é à toa que Paul Lehman a define como uma assimilação, uma reformulação e uma imitação do bem alheio, ou seja, da palavra do outro. A orientação mútua com a palavra do outro passa por todo um diapasão de tons — da apreciação reverente à ridicularização paródica, cabendo notar que muito amiúde é difícil estabelecer onde exatamente termina a reverência e começa a ridicularização. É exatamente como ocorre no romance da Idade Moderna, onde amiúde não sabemos onde termina o discurso direto do autor e começa a representação paródica ou estilizante da linguagem dos heróis. Foi apenas na literatura latina da Idade Média que o processo complexo e contraditório de aceitação e rejeição da palavra do outro, de sua escuta reverente e de sua ridicularização, teve lugar na grandiosa escala de todo o mundo ocidental europeu, o que deixou um vestígio indelével na consciência linguístico-literária dos povos.[48*]

Junto com a paródia latina existia, como já dissemos, a paródia mista. Esta já é um híbrido intencional dialogizado e bilíngue (às vezes, trilíngue) plenamente desenvolvido. Nessa literatura medieval bilíngue também encontramos todos os tipos possíveis de relação com a palavra do outro — da reverência à ridicularização implacável. Na França, por exem-

---

[48*] Nossa ideologia descobre a cada passo vestígios da fase bilíngue e plurilíngue de sua formação.

plo, eram difundidas as chamadas *épîtres farcies*. Nelas, os versículos da Sagrada Escritura (as epístolas dos apóstolos lidas durante a missa) eram acompanhados por versos franceses de oito sílabas que traduziam e parafraseavam de modo reverente o texto latino. O mesmo caráter de comentário reverente assume a língua francesa numa série de orações mistas. Eis, por exemplo, uma passagem de um *Pater noster* do século XIII (início da última estrofe):

> *Sed libera nos*, mais delivre nous, Sire,
> *A malo*, de tout mal et de cruel martire.[49]

Nesse híbrido, a réplica francesa traduz de modo reverente e afirmativo e completa a réplica latina.

Mas eis o início de um *Pater noster* do século XIV, que representa as desgraças da guerra:

> *Pater noster*, tu n'ies pas foulz
> Quar tu t'ies mis en grant repos
> *Qui es* montés haut *in celis*.[50]

Aqui a réplica francesa ri sarcasticamente do discurso sagrado latino. Ela interrompe as palavras iniciais da oração e representa a estada nos céus como uma posição bastante tranquila em relação às desgraças terrestres. O estilo da réplica francesa não corresponde ao estilo elevado da oração, como no primeiro exemplo, e é deliberadamente vulgarizado. É uma grosseira réplica terrena à oração etérea e untuosa.

---

[49] O trecho latino (Livrai-nos [...] Do mal) está italicizado. Em letras redondas lê-se, em francês: "Mas livrai-nos, Senhor [...], de todo mal e do cruel martírio". (N. do T.)

[50] "*Pai nosso*, não és tolo/ Pois subistes tão tranquilo/ *Que estás* bem alto *no céu*." O autor cita de: Eero Ilvoonen, *Parodies de thèmes pieux dans la poésie française du Moyen Âge*, Helsinki, 1914. (N. do T.)

Há uma infinidade de textos mistos, de variados graus de reverência e de variados graus paródicos. São amplamente conhecidos os versos mistos da *Carmina Burana*. Menciono ainda a linguagem mista dos dramas litúrgicos. Neles, as linguagens populares servem frequentemente como uma rebaixadora réplica cômica às elevadas partes latinas do drama.

A literatura mista da Idade Média também é um documento muito importante e interessante da luta e da iluminação recíproca das línguas.

É dispensável que nos estendamos à literatura paródico--travestizante da Idade Média nas línguas populares nacionais. Essa literatura criou uma completa superestrutura cômica sobre todos os gêneros sérios diretos. Aqui, como em Roma, aspirava-se à plenitude da dublagem cômica. Menciono o papel dos bufões medievais, criadores profissionais de um segundo plano, que com sua dublagem cômica reconstruíram a integralidade do discurso sério-cômico. Menciono ainda toda sorte de intermédios e entreatos cômicos, que desempenhavam o papel do quarto drama grego ou do alegre *exodium* romano. Um nítido exemplo dessa dublagem cômica é o segundo plano bufo nos dramas e comédias de Shakespeare. Os ecos desse paralelismo cômico estão vivos ainda hoje, por exemplo, na habitual dublagem que o palhaço circense faz dos números sérios e perigosos do programa, ou no papel semibufo do nosso *conférencier*.[51]

Todas as formas paródico-travestizantes medievais, bem como as do mundo antigo, tendiam para o divertimento festivo popular, que ao longo de toda a Idade Média teve caráter carnavalesco e conservaram em seu interior vestígios indestrutíveis das saturnais.

---

[51] Mestre de cerimônias que anuncia à audiência os números a serem apresentados durante o espetáculo burlesco. (N. do T.)

No fim da Idade Média e na época do Renascimento, o discurso paródico-travestizante rompeu todos os obstáculos. Ele irrompeu em todos os gêneros medievais diretos e fechados. Ele ecoa em alto e bom som nas epopeias do *Spielmann* e do *canstastorie*.[52] Penetrou no alto romance de cavalaria. As *diableries* quase empanaram o *mistère*, do qual faziam parte. Aparecem gêneros tão grandes e sumamente substanciais como a *sotie*. Surge, por último, o grande romance da época do Renascimento, obras como *Gargântua e Pantagruel*, de Rabelais, e *Dom Quixote*, de Cervantes. É precisamente nessas duas obras que o discurso romanesco, preparado por todas as formas acima analisadas, bem como pela tradição antiga, revelou suas melhores potencialidades e desempenhou um papel titânico na formação da nova consciência linguístico-literária.

A iluminação recíproca das línguas no processo de liquidação do bilinguismo chegou ao seu ponto máximo na época do Renascimento. Além disso, tornou-se extraordinariamente complexa. O historiador da língua francesa Ferdinand Brunot, no segundo tomo da sua obra clássica coloca a seguinte questão: como foi possível resolver a tarefa de transição para a linguagem popular justamente na época do Renascimento com suas tendências clássicas? Ele está absolutamente certo ao responder que a própria aspiração do Renascimento a restabelecer o latim em sua pureza clássica transformou-o inevitavelmente em uma língua morta.[53] A clássica pureza ciceroniana do latim não tinha como ser empregada na vida objetiva e cotidiana do século XVI, nem como exprimir os conceitos e objetos dessa atualidade. O restabelecimento de um latim classicamente puro limitou o campo de

---

[52] Declamadores ambulantes das tradições orais alemã e toscana, respectivamente. (N. do T.)

[53] Cf. Ferdinand Brunot, *Histoire de la langue française des origines à 1900*, tomo II, Paris, Armand Colin, 1906, pp. 2-3.

sua aplicação, em essência, apenas à esfera da estilização. Efetuava-se uma espécie de adequação da língua ao novo mundo. A língua se revelou estreita. Ao mesmo tempo, o latim clássico iluminou a face do latim medieval. Essa face mostrou-se deformada; contemplar essa face, ou seja, contemplar a imagem do latim medieval, só era possível à luz do latim clássico. E eis que se criou uma magnífica *imagem de linguagem* — as *Cartas aos homens obscuros*.[54]

Essa sátira é um complexo híbrido linguístico intencional. A linguagem dos homens obscuros é parodiada, ou seja, de certo modo ela se adensa, se deturpa, se tipifica no latim correto e preciso dos humanistas. Ao mesmo tempo, por trás do latim dos homens obscuros transparece acentuadamente seu alemão natal: eles usam construções sintáticas do alemão e as completam com palavras latinas e, além disso, traduzem literalmente expressões específicas do alemão para o latim; a entonação deles é grosseira, alemã. Do ponto de vista dos homens obscuros, este é um híbrido não intencional: eles escrevem como sabem. Mas esse híbrido latino-alemão está deliberadamente deturpado e iluminado pela vontade paródica dos autores da sátira. Não obstante, cabe observar que o caráter dessa sátira linguística é um tanto livresco e às vezes gramático e abstrato.

A poesia macarrônica[55] também é uma complexa sátira linguística, mas não é uma paródia do latim mal escrito, e sim um travestimento rebaixador do latim dos puristas ciceronianos com sua norma lexical elevada e refinada. Os poetas macarrônicos operam com construções latinas corretas (à diferença dos homens obscuros), mas inserem abundantemente nessas construções palavras de sua língua vulgar natal

---

[54] *Epistolae obscurorum virorum*, obra satírica de autoria incerta, publicada em Haguenau entre 1515 e 1519. (N. do T.)

[55] Poemas em que predomina o hibridismo de duas línguas, geralmente o latim e uma língua vernácula. (N. do T.)

(o italiano), dando-lhes uma enformação externa latina. O campo ativo da percepção é a língua italiana e o estilo dos gêneros baixos — as *facetiae*,[56] as novelas, etc. — com sua acentuada temática corpóreo-material rebaixadora. A língua dos ciceronianos desenvolvera-se num estilo elevado, e no fundo não era uma língua, mas um estilo. Era esse estilo que os poetas macarrônicos parodiavam.

Desse modo, nas sátiras linguísticas da época do Renascimento (*Cartas aos homens obscuros*, a poesia macarrônica) interiluminam-se três línguas: o latim medieval, o latim purificado dos humanistas e a língua nacional vulgar. Ao mesmo tempo, aí se interiluminam dois universos: o decrépito universo medieval e o novo universo popular e humanista. Nelas ouvimos o mesmo debate folclórico do velho com o novo, do moribundo com o ainda nascendo. Ouvimos o mesmo escarnecimento, a mesma ridicularização folclórica do velho — do velho poder, da velha verdade, do velho discurso.[57*]

As *Cartas aos homens obscuros*, a poesia macarrônica e uma série de outros fenômenos análogos mostram o quão conscientemente transcorria no Renascimento o processo de iluminação recíproca das línguas e sua adequação à realidade e à época. Mostram ainda o quão inseparáveis entre si eram as formas linguísticas e ideológicas, as visões de mundo. Mostram, por último, o quanto o mundo velho e moribundo, assim como o novo, que nascia, se caracterizavam precisamente por suas línguas, pelas imagens das suas lín-

---

[56] Alusão ao *Liber facetiarum*, coleção de anedotas compiladas pelo humanista Poggio Bracciolini (1380-1459). (N. do T.)

[57*] Esse drama das línguas pode ser interpretado e apreciado em toda sua importância apenas se levarmos em conta a nova zona espacial e literária de construção da imagem literária (a zona do contato familiar com o presente inconcluso). Em paralelo com a língua, a ideia também entra nessa nova zona romanesca, renegando a autoridade, a força e a unicidade (a persuasividade romanesca, interior e dialogizada).

guas. As línguas discutiam entre si, mas essa discussão, como toda discussão entre forças histórico-culturais grandes e essenciais, não pode ser transmitida nem por meio de um diálogo semântico-abstrato, nem de um diálogo puramente dramático, mas tão somente por meio de complexos híbridos dialogizados. Os grandes romances da época do Renascimento foram esses híbridos, ainda que fossem híbridos monolinguísticos, estilísticos.

No processo de substituição das línguas, entraram em novo movimento também os dialetos no interior das línguas nacionais. Sua coexistência surda e obscura chegava ao fim. A originalidade desses dialetos passou a ser percebida de maneira nova à luz da norma geral da língua nacional, que se formava e centralizava. A ridicularização das peculiaridades dialetológicas, o arremedo das maneiras linguísticas e discursivas das populações de diferentes regiões e cidades de um país pertencem ao antiquíssimo acervo das imagens de linguagem de cada povo. Mas, na época do Renascimento, esse mútuo arremedo dos diferentes grupos de uma nação, à luz da recíproca iluminação das línguas no processo de criação de uma norma nacional da língua popular, ganha um significado novo e essencial. As imagens paródicas dos dialetos começam a ganhar uma enformação ficcional mais profunda e passam a penetrar na grande literatura.

Assim, na *commedia dell'arte* os dialetos italianos se desenvolvem junto com determinados tipos-máscaras dessa comédia. Nesse sentido, a *commedia dell'arte* pode ser chamada de comédia de dialetos. Trata-se de um híbrido dialetológico intencional.

Assim se deu a iluminação recíproca das línguas na época da criação do romance europeu. O riso e o plurilinguismo prepararam o discurso romanesco da Idade Moderna.

O romance como gênero literário

A teoria dos gêneros como ciência histórico-sistematizante deveria apoiar-se na *filosofia* das espécies e dos gêneros poéticos.[1] Contudo, infelizmente não temos uma filosofia capaz de satisfazer às exigências do marxismo-leninismo e ao estado atual da ciência da literatura, a toda a riqueza da matéria histórica por ela acumulada. A filosofia hegeliana dos gêneros não pode nos satisfazer, e não só por seu idealismo, mas também por suas limitações e pela decrepitude do material histórico em que se baseia. Atualmente, em nossos estudos da natureza dos gêneros carecemos de um apoio filosófico sólido e bem-acabado. Isso dificulta muito o nosso trabalho e com frequência o obriga a desviar-se para a descrição sistemática e o registro de fatos heterogêneos e *internamente* desconexos. Por essas razões, no presente ensaio, dedicado aos fundamentos da teoria do gênero romanesco, tivemos de dedicar um espaço muito grande à elaboração prévia de algumas questões diretamente vinculadas ao campo da filosofia dos gêneros.

A teoria do romance enquanto gênero distingue-se por dificuldades peculiares, desconhecidas por outros gêneros. Isso se deve à especificidade do próprio objeto: *o romance é*

---

[1] Aristóteles usa como introdução à sua teoria dos gêneros uma filosofia das espécies e gêneros poéticos. Contudo, sua teoria não tinha caráter histórico-sistematizante, mas apenas sistematizante.

o único gênero em formação e ainda inacabado. As forças que formam os gêneros agem diante dos nossos olhos: o nascimento e a formação do gênero romanesco realizam-se em plena luz do dia histórico. A ossatura do gênero romanesco ainda está longe de ter enrijecido, e ainda não podemos prever todas as suas possibilidades plásticas. Os outros gêneros *enquanto gêneros*, isto é, enquanto moldes para a fundição da experiência artística, já os conhecemos em suas formas acabadas. Seu antigo processo de formação está situado fora da observação historicamente documentada. Encontramos a epopeia como um gênero não só há muito tempo acabado como também já profundamente envelhecido. O mesmo se pode dizer, com algumas ressalvas, de outros gêneros basilares, até mesmo da tragédia. A sua vida histórica que pudemos conhecer é uma vida enquanto gêneros *acabados*, dotados de uma ossatura rígida e já pouco plástica. Cada um deles tem seu cânone, que age na literatura como uma força histórica real, quase semelhante às formas da linguagem, que encontramos também já acabadas, cujo processo de formação está mergulhado no passado pré-histórico, e que são eficazes como normas e clichês de linguagem. Todos esses gêneros — ou, em todo caso, os seus elementos basilares — são bem mais velhos do que a escrita e o livro, e até hoje conservam, em maior ou menor grau, sua remota natureza oral e altissonante. Dentre os grandes gêneros, só o romance é mais jovem do que a escrita e o livro, e só ele está organicamente adaptado às novas formas da percepção silenciosa, ou seja, à leitura. Mas há uma questão essencial — o romance, diferente dos outros gêneros, não tem um cânone: historicamente são eficazes apenas alguns protótipos de romance, mas não o cânone romanesco como tal.

Assim se cria a extraordinária dificuldade da teoria do romance como gênero. Com efeito, esta teoria tem, em essência, um objeto de estudo totalmente diferente das teorias de outros gêneros. O romance não é simplesmente um gênero entre gêneros. É o único gênero *em formação* entre gêneros há muito *acabados* e já parcialmente mortos.[2*] É o único gênero concebido e alimentado por uma nova época da história mundial, e por isso profundamente consanguíneo dela, ao passo que os grandes gêneros foram herdados por ela em sua forma acabada, e apenas se adaptam — uns melhor, outros pior — às novas condições de existência. Em comparação com eles, o romance se apresenta como um ser de outra estirpe. Ele convive mal com os outros gêneros. Luta por seu domínio na literatura, e onde o romance triunfa os velhos gêneros se desintegram e deformam-se. Não é à toa que o melhor livro sobre a história do romance antigo — o livro de Erwin Rohde[3] — não se dedica tanto a contar sua história, mas a retratar o processo de desintegração de todos os grandes gêneros elevados da Antiguidade.

É muito importante e interessante o problema da interação dos gêneros na unidade da literatura de um dado período. Em certas épocas — no período clássico grego, na idade de ouro da literatura romana, na baixa e média Idade Medieval, na época do Neoclassicismo, na grande literatura (ou seja, na literatura dos grupos sociais dominantes) — todos os gêneros, até certo ponto, complementam uns aos outros de forma harmoniosa, e toda a literatura, enquanto conjunto de gêneros, é consideravelmente um todo orgânico de ordem superior. Mas há algo peculiar: o romance nunca integra esse todo, não participa da harmonia dos gêneros. Nessas épocas o romance leva uma existência não oficial, fora do limiar da grande literatura. O todo orgânico da literatura, organizada hierarquicamente, é integrado apenas pelos gêneros aca-

---

[2*] O estudo dos gêneros (exceto o romanesco) é análogo ao estudo das línguas mortas; o estudo do gênero romanesco é o estudo de uma língua viva (e, além disso, mais jovem).

[3] Trata-se de *Der griechische Roman und seine Vorläufer* [O romance grego e seus precursores], Leipzig, 1876. (N. do T.)

bados, por personagens estabelecidas e definidas. Elas podem limitar-se mutuamente, complementar umas às outras, conservando sua natureza de gênero. São unidas e aparentadas entre si por suas profundas peculiaridades estruturais.

Os grandes tratados poéticos orgânicos do passado — Aristóteles, Horácio e Boileau — são imbuídos de um profundo sentimento do *conjunto* da literatura e da *harmonia* da combinação de todos os gêneros nesse conjunto. É como se ouvissem concretamente essa harmonia. Nisso reside a força, a plenitude *integral* e singular, o caráter *exaustivo* desses tratados poéticos. Todos eles ignoram coerentemente o romance. Os tratados poéticos científicos do século XlX carecem dessa integralidade: são ecléticos, descritivos, não aspiram a uma plenitude viva e orgânica, mas a algo abstratamente enciclopédico, não se voltam para a possibilidade real de coexistência de determinados gêneros no conjunto vivo da literatura de uma dada época, mas para a sua coexistência numa crestomatia maximamente plena. É claro que não ignoram o romance, mas simplesmente o inserem entre os gêneros existentes (um lugar de prestígio); assim, como um gênero entre gêneros, ele é incluso na crestomatia. Contudo, o romance integra o conjunto vivo da literatura de modo inteiramente distinto.

O romance, como dissemos, convive mal com os outros gêneros. Não se pode falar de nenhuma harmonia baseada em mútua delimitação e mútua complementaridade. O romance parodia os outros gêneros (precisamente enquanto gêneros), desvela o convencionalismo de suas formas e de sua linguagem, desloca alguns gêneros, incorpora outros à sua própria construção, reinterpretando-os e reacentuando-os. Às vezes, os historiadores da literatura tendem a ver nisso apenas uma luta entre escolas e tendências literárias. Essa luta existe, é claro, mas é um fenômeno periférico e historicamente insignificante. Por trás dela é preciso saber perceber outra luta, mais profunda e historicamente substancial, *a lu-*

ta entre os gêneros, a formação e o crescimento do arcabouço de gêneros literários.

Observam-se fenômenos particularmente interessantes naquelas épocas em que o romance se estabelece como gênero principal: toda a literatura é envolvida pelo processo de formação e por uma espécie de "crítica dos gêneros". Isto já ocorrera em alguns períodos do Helenismo, na Idade Média tardia e no Renascimento, mas foi particularmente intenso e vívido na segunda metade do século XVIII. Nessa época de domínio do romance, quase todos os outros gêneros "romancizaram-se" em maior ou menor grau: romancizou-se o drama (por exemplo, o drama de Ibsen, o de Hauptmann, todo o drama naturalista), o poema narrativo (como o *Childe Harold* e, em particular, o *Don Juan*, de Byron), e até a lírica (um exemplo nítido é a lírica de Heine). Aqueles gêneros que conservaram com tenacidade sua natureza, seu antigo caráter canônico, adquiriram um semblante estilizado. De modo geral, a despeito da vontade artística do autor, qualquer firmeza rigorosa de gênero começa a dar sinais de estilização, e até de estilização *paródica*. Na presença do romance enquanto gênero dominante, as linguagens convencionais dos gêneros estritamente canônicos começam a ressoar de modo diferente de como ressoavam nas épocas em que o romance não existia na grande literatura.[4*]

As estilizações paródicas (de variados graus) dos gêneros e estilos diretos ocupam um lugar essencial no romance. Mas é característico que o romance não deixe que estabilize-se ou canonize-se nenhuma de suas próprias variedades. Ao

---

[4*] Nas épocas da ascensão criativa do romance, sobretudo nas épocas da preparação dessa ascensão, a literatura é inundada de paródias e travestimentos de todos os gêneros elevados (dos gêneros, precisamente, e não de alguns escritores e tendências), paródias que fazem o papel de precursores e acompanhantes do romance, e por vezes são uma espécie de ensaio de romance.

longo de toda a história do romance, estende-se uma contínua parodização e um travestimento das variedades dominantes e em voga do próprio gênero, que tendem a banalizar-se: paródias do romance de cavalaria (a primeira paródia do romance aventuresco de cavalaria, *Un dit d'aventures*, situa-se no século XIII), do romance barroco, do romance pastoral (*Le Berger extravagant*, de Charles Sorel), do romance sentimental (em Henry Fielding, e em *Grandison der Zweite* de Johann Karl August Musäus), etc. Essa natureza autocrítica do romance é seu magnífico traço enquanto gênero em formação.

Em que consiste a "romancização" dos outros gêneros a que nos referimos? Eles se tornam mais livres e mais plásticos, sua linguagem se renova por conta do heterodiscurso extraliterário e das camadas "romanescas" da linguagem literária, eles *se dialogizam*, neles penetram amplamente o *riso*, a *ironia*, o *humor*, os elementos de *autoparodização*, e por último — e isto é o mais importante —, o romance introduz neles a *problematicidade*, uma específica *incompletude* semântica e o *contato vivo com a atualidade inacabada, em formação* (com o presente inacabado). Todos esses fenômenos, como veremos adiante, se explicam pela transposição dos gêneros para uma nova *zona* específica de construção das imagens artísticas (a zona de contato com o presente em seu inacabamento), zona essa que é primeiro dominada pelo romance.

É claro que não se pode explicar o fenômeno da "romancização" apenas pela influência direta e imediata do próprio romance. Mesmo onde essa influência pode ser estabelecida e mostrada com precisão, ela se entrelaça indissoluvelmente com a ação direta das mudanças na *própria realidade*, que determinam também o romance e condicionaram o domínio do romance em dada época. O romance é o único gênero em formação, por isso reflete de modo mais profundo, mais substancial, mais sensível e mais rápido o processo de formação da própria realidade. Só o que está em formação pode compreender a formação. O romance tornou-se o personagem central do drama do desenvolvimento literário na Idade Moderna precisamente porque é quem melhor expressa as *tendências da formação* de um novo mundo, pois é o único gênero concebido por esse mundo e em tudo consanguíneo a ele. O romance antecipou em muito, e continua a antecipar, o *futuro* desenvolvimento de toda a literatura. Por isso, ao atingir a posição dominante ele contribui para a *renovação* de todos os outros gêneros, contamina-os pelo seu caráter de formação e inacabamento. Ele os atrai imperiosamente para a sua órbita precisamente porque essa órbita coincide com a tendência fundamental do desenvolvimento de toda a literatura. Nisso reside a excepcional importância do romance também como objeto de estudo para a teoria e para a história da literatura.

Infelizmente, os historiadores da literatura costumam reduzir essa luta do romance com os outros gêneros acabados, e todos os fenômenos da "romancização", à vida e à luta entre escolas e tendências. Por exemplo, eles chamam um "poema romancizado" de poema romântico (o que é correto) e pensam que tudo está dito. Por trás da policromia superficial e do tumulto do processo literário, eles não enxergam os grandes e essenciais destinos da literatura e da linguagem, cujas personagens centrais são, antes de mais nada, *os gêneros*, enquanto que as tendências e escolas são apenas personagens de segunda ou terceira ordem.

A teoria da literatura revela a sua total incapacidade em relação ao romance. Com os outros gêneros ela opera com convicção e precisão: aí se trata de um objeto amadurecido e acabado, definido e claro. Em todas as épocas clássicas do seu desenvolvimento, esses gêneros conservaram sua estabilidade e seu caráter canônico; suas variações ao longo das épocas, correntes e escolas literárias são periféricas e não afetam a sua enrijecida ossatura de gênero. Em essência, até hoje a teoria desses gêneros acabados não conseguiu adicionar quase nada de substancial àquilo que já fora feito por Aristóteles. A *Poética* de Aristóteles permanece como fundamento inabalável da teoria dos gêneros (embora às vezes esteja sedimentado com tanta profundidade que não se deixa perceber). Tudo vai bem enquanto a questão não diz respeito ao romance. Mas os gêneros *romancizados* já levam a teoria ao impasse. Na questão do romance, a teoria dos gêneros se defronta com a necessidade de uma reconstrução radical.

Graças ao trabalho meticuloso dos pesquisadores, acumulou-se um imenso material histórico, lançou-se luz sobre uma série de questões ligadas à origem de algumas variedades de romance, mas a questão do gênero em seu conjunto não encontrou uma solução principial minimamente satisfatória. Continua-se a considerá-lo um gênero entre outros gêneros, tenta-se fixar suas diferenças de gênero acabado em relação a outros gêneros acabados, tenta-se desvendar o seu cânone interno como um determinado sistema de características de gênero estáveis e sólidas. Na imensa maioria dos casos, os trabalhos sobre o romance reduzem-se à descrição e ao registro mais completo das variedades romanescas, porém, como resultados de tais descrições, nunca se consegue produzir uma fórmula dotada do mínimo de abrangência para o romance enquanto gênero. Além do mais, os pesquisadores não conseguem apontar nenhum traço definido e sólido do romance sem uma ressalva que anule inteiramente esse traço enquanto traço de gênero. Eis alguns exemplos dessas características de gênero "ressalvadas": o romance é um gênero de múltiplos planos, embora também existam ótimos romances de um só plano; o romance é um gênero de enredo intenso e dinâmico, ainda que existam romances que atingiram um descritivismo puro, limítrofe para a literatura de ficção; o romance é um gênero que trata de problemas, embora a produção romanesca em massa apresente um protótipo de puro entretenimento e leviandade, inacessível a qualquer outro gênero; o romance é uma história de amor, ainda que os maiores protótipos do romance europeu sejam inteiramente desprovidos do elemento amoroso; o romance é um gênero em prosa, embora existam magníficos romances em versos. Semelhantes "características do gênero romanesco", destruídas por uma ressalva a elas incorporadas com honestidade, evidentemente ainda poderiam ser mencionadas em número nada desprezível.

Bem mais interessantes e coerentes são aquelas definições normativas do romance dadas pelos próprios romancistas, que propõem uma determinada variedade de romance e a explicam como a única correta, necessária e atual. Assim é, por exemplo, o célebre prefácio de Rousseau a *Julia, ou A nova Heloisa*, o prefácio de Wieland a *Agatão*, de Johann Karl Wezel a *Tobias Knauts*; assim são as inúmeras declarações e manifestações dos românticos em torno de *Wilhelm Meister* e de *Lucinde*[5] etc. Tais declarações, que não tentam abranger todas as variedades de romance em sua definição eclética, participam, em compensação, da formação viva do romance enquanto gênero. Com frequência elas refletem de forma profunda e correta a luta do romance com os outros gêneros e consigo mesmo (outras variedades de romance dominantes e em voga) e numa dada etapa de seu desenvolvimento. São elas que mais se aproximam da compreensão da posição específica do romance na literatura, impossível de comensurar pelos outros gêneros.

Nesse sentido, ganha importância específica uma série de manifestações que acompanham a criação de um novo tipo de romance no fim do século XVIII. Abre-se essa série com as reflexões de Fielding sobre o seu romance *Tom Jones* e seu herói homônimo. Sua continuação é o prefácio de Wieland a *Agatão*, mas o elo essencialíssimo é o *Ensaio sobre o*

---

[5] Romance de Friedrich Schlegel (1772-1829), publicado em 1799. (N. do T.)

romance de Blanckenburg.[6] A conclusão dessa série, essencialmente, é a teoria do romance que foi mais tarde apresentada por Hegel. Em todas essas manifestações, que refletem o processo de formação do romance em uma de suas etapas essenciais (*Tom Jones*, *Agatão*, *Wilhelm Meister*), são características as seguintes exigências apresentadas ao romance: 1) o romance não deve ser "poético" no sentido em que são poéticos os outros gêneros da literatura artística: 2) a personagem do romance não deve ser "heroica" nem no sentido épico, nem no sentido trágico do termo: ela deve reunir em si tanto os traços positivos quanto os negativos, tanto os baixos quanto os elevados, tanto os cômicos quanto os sérios; 3) a personagem não deve ser apresentada como acabada ou imutável, mas em formação, em mudança, sendo educada pela vida; 4) o romance deve se tornar, para o mundo contemporâneo, aquilo que era a epopeia para o mundo antigo (essa ideia foi enunciada com toda clareza por Blanckenburg e depois repetida por Hegel).

Todas essas afirmações têm um aspecto bastante fundamental e proveitoso: uma crítica *do ponto de vista do romance* a todos os outros gêneros e relações com a realidade, à sua heroificação empolada, ao seu convencionalismo, à sua poeticidade estreita e irreal, à sua monotonalidade e abstração, aos seus personagens já prontos e imutáveis. No fundo, aqui se faz uma crítica principial à literariedade e à poeticidade inerente a outros gêneros que precederam as variedades de romance (ao romance heroico barroco e ao romance sentimental de Samuel Richardson). Essas manifestações são sustentadas consideravelmente também pela prática desses romancistas. Aqui o romance — tanto a sua prática quanto a teoria vinculada a ela — se manifesta de forma direta e cons-

---

[6] *Versuch über den Roman* (1774), do escritor alemão Christian Friedrich von Blanckenburg (1744-1796), muito admirado por Wieland. (N. do T.)

ciente como um gênero *crítico* e *autocrítico* que deve renovar os próprios fundamentos da literariedade e da poeticidade dominantes. A comparação do romance com a epopeia (e a contraposição dos dois) é, por um lado, parte da crítica aos outros gêneros literários (particularmente do próprio tipo de heroificação épica) e, por outro, tem por objetivo hastear a importância do romance como gênero determinante da literatura moderna.

As afirmações e exigências que acabamos de apresentar são um dos pontos culminantes da *autoconsciência do romance*. Não constituem, evidentemente, uma teoria do romance. Não se distinguem por grande profundidade filosófica. Mas ainda assim essas afirmações são para nós um testemunho da natureza do romance enquanto gênero, e um testemunho não inferior — se não superior — às teorias do romance vigentes. Na parte seguinte deste ensaio tentarei abordar o romance precisamente enquanto gênero *em formação*, que encabeça o processo de desenvolvimento de *toda* a literatura da Idade Moderna. Não pretendo definir o cânone romanesco vigente na literatura (em sua história) como um sistema de traços estáveis do gênero. Contudo, tentarei tatear as peculiaridades estruturais basilares desse que é o mais plástico de todos os gêneros, peculiaridades essas que determinam a tendência de sua própria mutabilidade e a *tendência* de sua influência e ação sobre o resto da literatura.

Encontro três dessas peculiaridades basilares, que por princípio distinguem o romance de todos os outros gêneros: 1) a *tridimensionalidade* estilística do romance, vinculada à consciência *plurilinguística* que nele se realiza; 2) a mudança radical das *coordenadas temporais* da imagem literária no romance; 3) a *nova zona* de construção da imagem literária no romance, precisamente a *zona de contato máximo com o presente* (a atualidade) *em sua inconclusibilidade*.

Todas essas três peculiaridades do romance estão organicamente interligadas, e todas elas são condicionadas por um momento crucial na história da sociedade europeia: sua saída de uma condição semipatriarcal nacionalmente fechada para as novas condições da economia monetária e dos vínculos e relações internacionais e interlinguísticos. Uma diversidade de *línguas*, *culturas* e *tempos* apresentou-se perante a sociedade europeia e tornou-se o fator determinante de sua vida e de seu pensamento.

A primeira peculiaridade estilística do romance, ligada à ativa pluralidade de línguas da Idade Moderna, da nova cultura e da nova consciência artístico-literária foi objeto de meu ensaio anterior.[7] Menciono sucintamente apenas o essencial.

Num universo ativamente plurilíngue vive uma nova consciência cultural e artístico-literária.[8*] O mundo se tornara assim de uma vez por todas e de modo irreversível. Terminara o período da coexistência surda e fechada das línguas nacionais. As línguas se *interiluminam*, pois uma língua só pode ver a si mesma à luz de outra língua. Terminara igualmente a coexistência ingênua e consolidada das várias "linguagens" no interior de uma dada língua nacional, ou seja, a coexistência dos dialetos territoriais, dos dialetos e gêneros sociais, profissionais e de classe, dos jargões, da língua literária, das linguagens dos gêneros no interior de uma linguagem literária, das épocas de uma língua, etc. Tudo isso entrou em ação e passou a integrar o processo de ativa interação e

---

[7] O autor abordou essas questões tanto em "Sobre a pré-história do discurso romanesco", incluído neste volume, quanto em *Teoria do romance I: A estilística*. (N. do T.)

[8*] O plurilinguismo sempre existiu (é mais antigo que o monolinguismo canônico puro), mas não enquanto fator criativo; a escolha artística intencional não era o centro criador do processo linguístico-literário. O grego clássico sentia tanto as várias "linguagens" quanto suas épocas (os dialetos literários gregos: a tragédia é um gênero plurilíngue), mas a consciência criadora se realizava em línguas fechadas e puras (ainda que *de fato* mescladas). O plurilinguismo foi canonizado e ordenado em gêneros.

interiluminação. O discurso, a linguagem passaram a ser sentidos de modo diferente, e *objetivamente* deixaram de ser o que eram. Nas condições dessa interiluminação externa e interna, cada língua, mesmo em condições de absoluta imutabilidade de sua composição enquanto língua (fonética, vocabular, morfológica, etc.), como que renasce, torna-se qualitativamente outra para a consciência que nela *cria*.

Nesse universo ativamente plurilíngue, entre a língua e seu objeto — ou seja, entre a língua e o mundo real — estabelecem-se relações inteiramente novas, repletas de enormes consequências para todos os gêneros acabados que se formaram nas épocas do monolinguismo fechado e surdo. À diferença de outros grandes gêneros, o romance formou-se e cresceu precisamente nas condições de uma aguda intensificação do plurilinguismo externo e interno: esse é o seu elemento familiar. Foi por isso que o romance se pôs à frente do processo de desenvolvimento e renovação da literatura em termos linguísticos e estilísticos.

Em minha exposição anterior tentei iluminar a profunda originalidade linguística do romance, determinada por sua ligação com as condições do plurilinguismo. Por isso não retornarei a essa questão.

Passo a duas outras peculiaridades, agora referentes a elementos temáticos da estrutura do gênero romanesco. Essas peculiaridades melhor se revelam e se esclarecem por meio da comparação do romance com a epopeia.

Do ponto de vista da nossa questão, a epopeia enquanto gênero *definido* caracteriza-se por três traços *constitutivos*: 1) o objeto da epopeia é o passado épico nacional, o "passado absoluto" segundo a terminologia de Goethe e Schiller; 2) a fonte da epopeia é uma *lenda nacional* (e não a experiência pessoal e a livre invenção que cresce a partir dessa base); 3) o mundo épico está separado da atualidade — ou seja, do tempo do cantor (autor) e de seus ouvintes — pela *distância épica absoluta*.

Vejamos de modo mais detalhado cada um desses traços constitutivos da epopeia.

O mundo da epopeia é o passado heroico nacional, o mundo dos "princípios" e do "apogeu" (*arché* e *akmé*) da história nacional, o mundo dos pais e dos ancestrais, o mundo dos "primeiros" e "melhores". Não se trata de ser esse passado o *conteúdo* da epopeia. O deslocamento do universo representado para o passado, sua participação no passado é um traço constitutivo *formal* da epopeia enquanto gênero. A epopeia nunca foi um poema sobre o *presente*, sobre sua própria época (ou seja, um poema que apenas para as gerações descendentes veio a se tornar sobre o passado). Enquanto gênero *definido* que conhecemos, a epopeia foi, desde o início, um poema sobre o passado, e a posição do autor (isto é, a posição de quem pronuncia o discurso épico), imanente à epopeia e dela constitutiva, é a posição do homem que fala de um passado inatingível para ele, a posição reverente das gerações descendentes. O discurso épico, por seu estilo, tom, caráter e imagística, é infinitamente distante do discurso do contemporâneo sobre o contemporâneo, dirigido aos contemporâneos. ("Oniéguin, meu camarada,/ Nasceu nas margens do Nievá,/ Onde você, leitor, quiçá/ tenha nascido e fulgurado...").[9] Tanto o cantor quanto o ouvinte, imanentes à epopeia enquanto gênero, encontram-se num mesmo tempo e num mesmo nível *axiológico* (hierárquico), mas o universo representado dos heróis se encontra em nível *axiológico-temporal* inteiramente distinto e inacessível, separado pela distância épica. O mediador entre eles é a *lenda* nacional. Representar um acontecimento que esteja a mesmo nível axiológico-temporal consigo e com seus contemporâneos (e, por conseguinte, à base da experiência e da invenção indivi-

---

[9] *Ievguêni Oniéguin*, capítulo 1, estrofe II. (N. do T.)

dual) significa realizar uma transformação radical — passar do mundo épico para o *romanesco*.[10*]

Falamos da epopeia enquanto gênero definido real que chegou ao nosso tempo. Nós já o encontramos um gênero absolutamente acabado, até enrijecido e quase necrosado. Sua perfeição, estabilidade, sua absoluta *falta de ingenuidade* artística dizem respeito à sua velhice enquanto gênero, ao seu longo passado. No entanto, podemos apenas conjecturar sobre esse passado, e é preciso dizer francamente que por enquanto ainda conjecturamos bem mal. Aqueles cantos hipoteticamente primígenos que antecederam a formação da epopeia e a criação da tradição do gênero épico, que seriam cantos sobre os contemporâneos e um eco imediato dos acontecimentos que acabavam de ocorrer — aqueles supostos cantos nós não conhecemos. Por isso, só podemos conjecturar sobre como eram esses cantos ou cantilenas primígenos dos aedos. E não temos quaisquer fundamentos para pensar que fossem mais parecidos com os cantos épicos tardios (os que

---

[10*] É claro que o "meu tempo" pode ser percebido como tempo épico heroico do ponto de vista de sua importância histórica, distanciado como que pela lonjura dos tempos (não de mim mesmo, o contemporâneo, mas à luz do futuro), enquanto o passado pode ser percebido de modo familiar (como o meu presente). Contudo, assim percebemos não o presente no presente e não o passado no passado; nós nos retiramos do meu tempo, da zona do contato familiar comigo mesmo.

No romance histórico, o autor e o leitor se colocam no ponto de vista do contemporâneo ("Oniéguin, meu camarada...").

É a *memória* e não o conhecimento que opera como capacidade criadora ativa e como força da literatura antiga.

O canto heroico de Aquiles sobre si mesmo. A auto-heroificação dos selvagens. Uma dessas manifestações se verifica na etapa *pré-gênero* do desenvolvimento da literatura (quando, por conseguinte, ainda não se pode falar de epopeia). Outras manifestações são o deslocamento regular e orgânico para o passado e a familiarização hierárquica com ele, com a heroificação de mim mesmo. A terceira manifestação é de caráter literário-convencional (o poema de Cícero sobre si mesmo).

conhecemos) do que, por exemplo, o nosso folhetim atual ou as nossas atuais *tchástuchkas*.[11] Aqueles cantos épicos heroificantes sobre os contemporâneos, aos quais temos acesso e que são plenamente reais, já surgiram depois da formação das epopeias, já no solo da antiga e poderosa tradição épica. Eles transferem para seus contemporâneos, e para acontecimentos contemporâneos, uma forma épica acabada, isto é, transferem para eles a forma axiológico-temporal do passado, introduzem-nos no universo dos antepassados, dos princípios e do apogeu nacional, como se os canonizassem em vida. Em certo sentido, nas condições do regime patriarcal, semipatriarcal e feudal, os representantes dos grupos dominantes pertencem, como tais, ao universo dos "antepassados", estão separados dos outros por uma distância quase "épica". A introdução épica do herói contemporâneo no universo dos ancestrais e fundadores é um fenômeno específico, desenvolvido no terreno da tradição épica há muito formada, e por isso explica tão mal as origens da epopeia, como é o caso, por exemplo, da ode neoclássica.

Qualquer que seja a sua origem, a epopeia real que chegou aos nossos dias é uma forma de gênero absolutamente acabada e bastante perficiente, cujo traço constitutivo é o deslocamento do universo por ela representado para o passado absoluto dos inícios e do apogeu nacionais. O passado absoluto é uma categoria *axiológica* (hierárquica) específica. Para a cosmovisão épica, o "princípio", o "primeiro", o "fundador", o "ancestral", o "antecessor", etc. não são categorias meramente temporais, mas *axiológico-temporais*, um *grau superlativo axiológico-temporal* que se realiza tanto em relação aos homens quanto em relação a todos os objetos e fenômenos do universo épico: nesse universo tudo é bom, e tudo o que é essencialmente bom ("o primeiro") existe ape-

---

[11] Cantigas populares russas em formato de quadras bem-humoradas. (N. do T.)

nas nesse passado. O passado épico absoluto é a única fonte e princípio de tudo que é bom para os tempos pósteros. Assim afirma a forma da epopeia.

Não é por acaso que o passado épico é chamado de "passado absoluto"; por ser um passado também axiológico (hierárquico), ele carece de qualquer relatividade, ou seja, carece daquelas graduais transições *puramente temporais* capazes de ligá-lo ao presente. Ele é isolado de todos os tempos posteriores por um *limite absoluto*, sobretudo do tempo em que se encontram o cantor e seus ouvintes. Por conseguinte, esse limite é imanente à própria forma da epopeia e se faz sentir em cada uma de suas palavras. Destruir esse limite significa destruir a forma da epopeia enquanto gênero. Mas justamente por estar isolado de todos os tempos pósteros, o passado épico é absolutamente *fechado e acabado*. É fechado como um *círculo*, e nele tudo está pronto e concluído integralmente. No universo épico não há lugar para nenhum inacabamento, para nenhuma irresolução, nenhuma problemática. Nele não há quaisquer *brechas para o futuro*; ele se basta a si mesmo, não precisa e nem pressupõe qualquer continuidade. As definições de tempo e valor estão aí fundidas num todo indissolúvel (como estão fundidas nas camadas semânticas da língua). Tudo o que é introduzido nesse passado é, desse modo, introduzido em plena essencialidade e significação, e ao mesmo tempo ganha acabamento e conclusão, privando-se, por assim dizer, de todos os direitos e possibilidades de uma continuação real. A conclusibilidade e o fechamento absolutos são um traço notável do passado épico axiológico-temporal.

Passemos à *lenda*. O passado épico, isolado dos tempos pósteros por um limite impenetrável, mantém-se e revela-se apenas na forma da lenda nacional. A epopeia se baseia apenas nessa lenda. Não se trata de ser ela a fonte fatual da epopeia, o que importa é que o embasamento na lenda é imanente à própria forma da epopeia, como lhe é imanente o passado absoluto. O discurso épico é o discurso baseado na lenda. O universo épico do passado absoluto é por natureza inacessível à experiência pessoal e não admite o ponto de vista e a avaliação pessoal-individual. Não pode ser visto, apalpado, tocado, para ele não se pode olhar de nenhum ponto de vista, ele não pode ser experimentado, analisado, decomposto, penetrado em todo seu interior. Ele é dado apenas como lenda sagrada e indiscutível que abarca uma avaliação *universalmente válida* e exige para consigo um tratamento reverente. Repetimos e ressaltamos que não se trata das fontes *fatuais* da epopeia, nem de seu conteúdo, nem das declarações de seus autores: tudo consiste no traço formal (ou melhor, formais e de conteúdo) constitutivo do gênero épico: o embasamento na lenda impessoal e indiscutível (coletivo e reverente) e a significção universalmente válida de sua avaliação e de seu ponto de vista, significação essa que exclui qualquer possibilidade de outro enfoque — a reverência profunda em relação ao objeto da representação e ao próprio discurso sobre ele, como se fosse o discurso da lenda.[12*]

O passado absoluto como objeto da epopeia e a lenda indiscutível como sua única fonte determinam também o caráter da *distância* épica, ou seja, o terceiro traço construtivo da epopeia como gênero. Como já dissemos, o passado épico

---

[12*] Filóstrato.
O contato com o ciclo troiano e seus heróis durante o período helenístico (transformando-o em romance). A questão geral da transformação do material épico em romanesco, sua transposição para a zona de contato (conduzindo-o pelos estágios do riso e do familiar).

Não a experiência e o conhecimento, mas sim a *memória*. A experiência, o conhecimento e a prática definem (futuramente) o romance. Quando o romance se torna o gênero dominante, a teoria do conhecimento se torna a teoria filosófica dominante.

Assim aconteceu, e nada pode mudá-lo (a lenda sagrada do passado).

Ainda não existe a consciência da relatividade de todo o passado. Existe um início absoluto, um primevo absoluto: a "Idade Média", o "Renascimento", a "Idade Moderna".

é fechado em si mesmo e isolado dos tempos posteriores por uma barreira impenetrável, e isolado sobretudo do presente eternamente contínuo dos filhos e descendentes, no qual se encontram o cantor e os ouvintes das epopeias, onde realiza--se o acontecimento de suas vidas e onde concretiza-se o *skaz*[13] épico. Por outro lado, a lenda isola o mundo da epopeia da experiência pessoal, de quaisquer novas interações, de qualquer iniciativa pessoal de entendê-lo e interpretá-lo sob novas avaliações e pontos de vista. O universo épico é concluído do princípio ao fim não só enquanto acontecimento real em um passado distante, mas também em seu sentido e em seu valor: não se pode medi-lo, nem reinterpretá-lo, nem reavaliá-lo. Ele está pronto, concluído e é imutável tanto como fato real quanto como *sentido*, como *valor*. É isso o que determina a distância épica absoluta. O universo épico pode ser apenas aceito de modo reverente, mas não se pode tocá--lo, ele está fora da área da atividade humana de mudar e reinterpretar. Repetimos e ressaltamos: essa distância existe não só em relação ao material épico, ou seja, aos acontecimentos e heróis representados, como também em relação às avaliações sobre eles e ao ponto de vista que os mostra: o ponto de vista e a avaliação são integralmente consanguíneos do objeto; o discurso épico é inseparável do seu objeto, e sua semântica se caracteriza pela absoluta coalescência dos elementos materiais e espaço-temporais com os axiológicos (hierárquicos). Essa coalescência absoluta e a *falta de liberdade* do objeto a ela relacionada puderam ser superadas pela primeira vez apenas nas condições do plurilinguismo ativo e da interiluminação das línguas (e então a epopeia tornou-se um gênero semiconvencional e semimorto).

Graças à distância épica, que exclui qualquer possibilidade de atividade e mudança, o universo épico ganhou sua

---

[13] O termo russo *skaz* tem uma variedade de sentidos, entre eles o de discurso oral vivo, quase fotográfico. (N. do T.)

excepcional conclusibilidade do ponto de vista não só do conteúdo como também do sentido e do valor. O universo épico se constrói na *zona da imagem absoluta e distante*, fora do campo de um possível contato com a realidade em formação, inacabada e, por isso, reinterpretante e reavaliadora.

Os três traços constitutivos da epopeia que caracterizamos são, em maior ou menor grau, inerentes também aos demais gêneros elevados da Antiguidade Clássica e da Idade Média. Na base de todos esses gêneros elevados e prontos residem a mesma avaliação dos tempos, o mesmo papel da lenda, uma análoga distância hierárquica. Para nenhum gênero elevado a *realidade contemporânea* como tal é um objeto válido da representação. A realidade contemporânea pode integrar os gêneros elevados apenas em suas camadas hierárquicas superiores, já distanciadas por sua posição nessa mesma realidade. Entretanto, ao passarem a integrar os gêneros elevados (por exemplo, nas odes de Píndaro, em Simônides), é como se esses acontecimentos, vencedores e heróis da "alta" atualidade se familiarizassem com o passado, entrelaçassem-se, através de diversos elos e vínculos mediadores, no tecido único do passado heroico e da lenda. Eles ganham seu valor e sua elevação precisamente por meio de sua introdução no passado enquanto fonte de todo valor e de toda essencialidade genuínos. Eles, por assim dizer, retiram-se da atualidade e de seu caráter aberto, inconcluso, irresolvido, retiram-se da possibilidade de reinterpretações e reavaliações. Eles se projetam ao nível axiológico do passado e nele adquirem completude. Não se pode esquecer que o "passado absoluto" *não é um tempo* em nosso sentido limitado e preciso do termo, mas uma certa categoria hierárquica axiológico-temporal.[14*]

[14*] Não se pode *ser grande em seu próprio tempo*, a grandeza sempre apela para os descendentes, para os quais se torna passado (surge em um plano distante); ela se torna objeto da *memória* e não objeto de visão

Nos gêneros elevados acabados, a lenda também mantém o seu significado, embora seu papel nas condições da criação pessoal aberta venha a se tornar mais convencional do que na epopeia. Em linhas gerais, o universo da grande literatura da época clássica projeta-se no passado, no plano distante da memória, mas não em um passado relativo real, vinculado ao presente por contínuas transições temporais, e sim no passado axiológico dos princípios e do apogeu. O passado é distanciado, concluído e fechado como um círculo. Isso, evidentemente, não significa que nele mesmo não haja nenhum movimento. Ao contrário, as categorias temporais relativas em seu interior são elaboradas de forma sutil e rica (os matizes

e contato. No gênero do "monumento", o poeta constrói sua imagem no plano distante das gerações futuras; vejam-se os epitáfios dos déspotas antigos e os epitáfios de Augusto. No universo da memória, um fenômeno aparece num contexto inteiramente diferente — nas condições de uma lei absolutamente específica — daquele que ocorria no universo da visão e do contato prático e familiar. O passado épico é uma forma específica de percepção artística dos homens e dos acontecimentos. Essa forma envolvia quase inteiramente a percepção artística e a representação em geral. A representação artística é uma representação *sub specie aeterni* — do ponto de vista da eternidade. Só se pode e se deve representar, perpetuar pelo discurso artístico aquilo que é digno de ser percebido, aquilo que deve ser conservado na memória dos descendentes; cria-se uma imagem para os herdeiros, e esta se forma no plano distante e antecipável dos descendentes. A atualidade para a atualidade (que não tem pretensão à memória) é inscrita em argila, a atualidade para o futuro (para os descendentes), em cobre e mármore. É importante a correlação dos tempos: o aspecto axiológico não se situa no futuro, não é a ele que servem, não é diante dele que se postam os méritos (estes estão diante de uma eternidade atemporal), mas estes servem à *memória futura sobre o passado*, servem à ampliação do universo do passado absoluto, ao seu enriquecimento com novas imagens do universo (às custas do tempo atual), que sempre e por princípio se opõe a todo e qualquer presente transitório.

Os cantos heroicos sobre os contemporâneos. A ideia de heroificação da autobiografia (biografia) em Cícero e outros.

Aqui se trata do problema da autobiografia.

de "antes" e "depois", a sucessão dos acontecimentos, a rapidez, a duração, etc.); está presente uma alta técnica artística do tempo. Entretanto, todos os pontos de vista desse tempo concluído e fechado em um círculo distanciam-se de igual maneira do tempo da atualidade, real e em movimento; em seu conjunto, aquele tempo não está localizado no processo histórico real, não está correlacionado com o presente e com o futuro, ele contém em si, por assim dizer, toda a plenitude dos tempos. Disso resulta que todos esses tempos elevados da época clássica, isto é, toda a grande literatura se constrói na zona da imagem distante, sem nenhum contato possível com o presente em sua inconclusibilidade.[15*]

A realidade contemporânea como tal, isto é, a preservação da personalidade própria, não podia, como já dissemos, ser objeto da representação nos gêneros altos. Comparada

---

[15*] O caráter oficial da idealização do passado nos gêneros elevados. Todas as expressões externas da força dominante e da verdade (de tudo que está concluído) são formuladas na categoria axiológico-hierárquica de passado, na imagem distante e remota (desde os gestos e as vestes até o estilo, tudo é símbolo de poder). O vínculo do romance com o elemento eternamente vivo do discurso não oficial e do pensamento não oficial (a forma festiva, o discurso familiar). A *profanação*.

Ama-se aos mortos de modo diferente, eles estão retirados da esfera do contato, sobre eles pode-se e deve-se falar apenas em outro estilo. Do ponto de vista estilístico, o discurso sobre os mortos é profundamente diferente do discurso sobre os vivos. Todo poder e todo privilégio, toda importância e toda elevação saem da zona do convívio familiar para o plano distante (a veste, a etiqueta, o estilo de seu discurso e o estilo do discurso sobre eles).

O contato com a problematicidade contemporânea na tragédia (sobretudo em Ésquilo). Eurípides e a romancização. Cf. Ivan Tolstói.

A natureza clássica de todos os gêneros não romanescos. A atitude em relação ao acabamento.

O estilo da etiqueta social e da polidez ("vós", etc.) e sua natureza clássica (o deslocamento para o passado hierárquico) como a do pai, do senhor.

O estilo familiar.

ao passado épico, a realidade contemporânea era a realidade dos níveis baixos. Podia servir menos ainda como ponto de partida para a interpretação e a avaliação artísticas. O foco de tal interpretação e de tal avaliação só poderia estar no passado absoluto. O presente é algo passageiro, é fluidez, uma prolongação eterna sem início nem fim; a ele falta completude genuína e, por isso, essência. O futuro era concebido ou como uma prolongação do presente, essencialmente idêntica a ele, ou como final, a morte final, a catástrofe. As categorias axiológico-temporais do início absoluto e do fim absoluto têm importância extrema para a sensação do tempo também nas ideologias do passado. O início é idealizado, o fim é obscurecido (a catátrofe, a "morte do deus"). Essa sensação do tempo — assim como a hierarquia dos tempos, por ela definida — penetra todos os gêneros elevados da Antiguidade e da Idade Média. E penetrou tão a fundo a própria base dos gêneros que continuou a viver neles mesmo nas épocas seguintes — até o século XIX, e mesmo depois disso.

A realidade contemporânea, fluida, passageira e "baixa", o presente, essa "vida sem princípio nem fim" eram objeto da representação só dos gêneros baixos. Mas, sobretudo, era o objeto de representação principal no vastíssimo e riquíssimo campo de criação do *riso popular*. Em meu ensaio anterior, procurei mostrar a enorme importância desse campo — tanto no mundo antigo quanto na Idade Média — para o nascimento e a formação do discurso romanesco. Ele teve igual importância para todos os outros elementos do gênero romanesco na fase de seu surgimento e de sua primígena formação. É precisamente no riso popular que cabe procurar as autênticas *raízes folclóricas do romance*. O presente, a atualidade como tal, "eu mesmo", "meu tempo" e "meus contemporâneos" foram o objeto inicial do riso ambivalente — ao mesmo tempo alegre e destruidor. É justamente aí que se forma uma relação principalmente nova com a realidade, com o mundo, com o objeto, e uma nova relação com a linguagem, com o discurso. Ao lado da representação ridicularizante direta da atualidade, florescem a parodização e o travestimento de todos os gêneros elevados e de todas as imagens elevadas do mito nacional. O "passado absoluto" dos deuses, semideuses e heróis — nas paródias e especialmente nos travestimentos — "atualiza-se": é rebaixado, representado no nível da atualidade, na situação cotidiana da atualidade, na linguagem baixa da atualidade.

Desse elemento do riso popular em terreno clássico medra imediatamente um campo bastante amplo e diverso da literatura antiga, que os próprios antigos designavam expressamente como *spoudaiogeloion* (σπουδαιογέλοιον), ou seja, o campo do "sério-cômico".[16] Aqui se situam os mimos de enredo breve de Sofrônio, toda a poesia bucólica, a fábula, a literatura memorialística primígena — o *Epidimiai* ('Επιδημίαι) de Íon de Quios, o *Homiliai* ('Ομιλίαι), de Crítias —, os panfletos; aqui os próprios antigos situavam também os "diálogos socráticos" (como gênero), aqui se situam posteriormente a sátira romana (Lucílio, Horácio, Pérsio, Juvenal) e a vasta literatura dos *symposia* e, por fim, situam-se a "sátira menipeia" (como gênero) e os diálogos de tipo luciânicos. Todos esses gêneros, abrangidos pelo conceito de sério-cômico, são os autênticos precursores do romance; além disso, alguns são gêneros de tipo puramente romanesco, que contêm em forma embrionária, e às vezes em forma desenvolvida, os elementos basilares das variedades mais importantes e mais tardias do romance europeu. O autêntico espírito do romance como gênero em formação está presente nessas variedades em grau incomparavelmente maior do que nos chamados "romances gregos" (único gênero antigo digno desse nome). O romance grego exerceu forte influência no

---

[16] Bakhtin aborda de forma mais ampla essas questões em "Peculiaridades do gênero, do enredo e da composição das obras de Dostoiévski", capítulo IV de *Problemas da poética de Dostoiévski*. (N. do T.)

romance europeu exatamente na época do barroco, isto é, justo no momento em que começava a elaboração da teoria do romance (do abade Huet),[17] e quando ganhava precisão e consolidava-se o próprio termo "romance". É por isso que dentre todas as obras romanescas da Antiguidade esse termo se consolidou apenas no "romance grego". Entretanto, os gêneros do sério-cômico que mencionamos, ainda que desprovidos daquele sólido arcabouço de composição e enredo que costumamos exigir do gênero romanesco, antecipam os elementos mais substanciais do desenvolvimento do romance nos novos tempos. Isso diz respeito particularmente aos diálogos socráticos — que, parafraseando Friedrich Schlegel, podem ser chamados de "romance daquele tempo" — e em seguida à sátira menipeia (incluindo nela também o *Satiricon* de Petrônio), cujo papel na história do romance é imenso e nem de longe foi suficientemente apreciado pelos estudiosos. Todos esses gêneros do sério-cômico foram a autêntica etapa primeira e essencial do desenvolvimento do romance como gênero em formação.[18*]

Em que consiste o espírito desses gêneros do sério-cômico, em que se funda a sua importância como primeira etapa do processo de formação do romance? Seu objeto e, o que é ainda mais importante, seu ponto de partida para compreender, avaliar e enformar é a realidade contemporânea. Pela primeira vez o objeto de uma representação literária séria (e, é verdade, ao mesmo tempo cômica) é dado sem qualquer distância, no nível da atualidade, na zona do contato imediato e grosseiro.[19*] Mesmo quando o objeto da representação

---

[17] *Traité de l'origine des romans* [Tratado sobre a origem do romance], publicado em 1670 por Pierre-Daniel Huet (1630-1721). (N. do T.)

[18*] A comédia e o romance.

[19*] O plano da representação cômica (pelo riso) é um plano específico tanto em termos de tempo quanto de espaço. Aqui o papel da memória é mínimo: a memória e a lenda nada têm a fazer no universo cômico;

desses gêneros são o passado e o mito, a distância épica está ausente, pois o ponto de vista é dado pela atualidade. Nesse processo de destruição da distância cabe um papel específico ao princípio do riso, haurido do folclore (do riso popular). É precisamente o *riso* que destrói a distância épica e em geral toda distância hierárquica — ele afasta a axiologia. Na imagem distante, o objeto não pode ser risível; é necessário aproximá-lo para torná-lo risível. Tudo o que é risível é próximo; toda criação cômica opera na zona da máxima aproximação. O riso tem a notável força de aproximar o objeto, introduz o objeto na zona do contato grosseiro onde se pode apalpá-lo de todos os lados, revirá-lo, colocá-lo no avesso, observá-lo de baixo para cima, quebrar-lhe o envoltório externo, olhar para as suas entranhas, duvidar dele, decompô-lo, desmembrá-lo, desnudá-lo e desmascará-lo, estudá-lo livremen-

ridiculariza-se para *esquecer*. Trata-se da zona do contato maximamente familiar e grosseiro: riso-insulto-espancamento. No fundamental, trata-se de uma desentronização, isto é, precisamente, da retirada do objeto do plano distante, da destruição da distância épica, do assalto e destruição do plano distante em geral (a destruição deliberada ou o desvelamento das aparências nos dramas dos românticos, o surgimento de heróis sem máscaras nem maquiagem, seu aparecimento em meio ao público, etc.). A parábase. Nesse plano (no plano do riso) o objeto pode ser desrespeitosamente contornado de todos os lados; além disso, as costas, o traseiro do objeto (e também suas entranhas, não suscetíveis de exibição) ganham nesse plano um significado específico. O objeto é espancado, desnudado (retira-se a decoração hierárquica); o objeto nu é risível, o "traje" vazio retirado e separado da pessoa é risível. O desmembramento como uma operação cômica. O elemento da seriedade e do medo na forma do plano *distante*.

    Familiarização e "aproximação". "Ele aproximou de si" (no plano hierárquico) ou "separou de si".

    A representação *cômica* (ou seja, a atualização). O simbolismo artístico inicial *do espaço e do tempo* — o alto, o baixo, a frente, o traseiro, o antes, o depois, o primeiro, o último, o passado, o presente, o breve (instantâneo), o duradouro, etc. A lógica artística da análise, do desmembramento, da trucidação.

te e experimentá-lo. O riso destrói o medo e a reverência diante do objeto, diante do mundo, torna-o objeto de contato familiar e assim prepara a sua investigação absolutamente livre sobre ele. O riso é o fator mais essencial na consciência daquela *premissa de intrepidez* sem a qual é impossível uma percepção realista do mundo. Ao aproximar e familiarizar o objeto, o riso como que o transfere para as mãos intrépidas da *experiência investigativa* — tanto científica quanto artística —, servindo aos objetivos dessa nova experiência de livre *invenção* experimental. A familiarização cômica e linguístico-popular do mundo é uma etapa excepcionalmente importante e indispensável no processo de formação da livre criação científico-cognitiva e artístico-realista da civilização europeia.

Dispomos de um excelente documento que reflete o nascimento simultâneo da concepção científica e da nova imagem artístico-prosaica do romance. Trata-se dos diálogos socráticos. Tudo é peculiar nesse magnífico gênero, nascido no final da Antiguidade Clássica. É peculiar que ele surja como *apomnemoneumata*, isto é, como gênero de tipo memorialístico, como registro de conversas reais entre contemporâneos baseado na memória pessoal;[20*] e mais, é peculiar que a imagem central do gênero seja constituída por um homem que fala e palestra; é peculiar a combinação — na imagem de Sócrates, como personagem central desse gênero — da máscara popular do tolo que não compreende, quase um "Margites", com traços de um sábio de tipo elevado (no espírito das lendas sobre os sete sábios da Grécia); o resultado dessa com-

---

[20*] O caráter específico da "memória" nas obras memorialísticas e autobiográficas, ou seja, o caráter da memória de seu contemporâneo e de si mesmo. Não é a memória heroificada. O elemento da mecanicidade do registro (não monumental). A memória *pessoal* sem continuidade, restrita aos limites da vida pessoal (não há pais nem gerações). O caráter memorialístico já é próprio do gênero do diálogo socrático.

posição é a imagem ambivalente da "sábia ignorância". É ainda peculiar, e canônico nesse gênero, o diálogo narrado, emoldurado por uma narração dialogizada; é peculiar a proximidade, maximamente possível para a Grécia Clássica, da linguagem desse gênero com a linguagem popular falada; é extremamente peculiar que esses diálogos tenham inaugurado a prosa ática, que estivessem ligados a uma renovação substancial da linguagem literária da prosa, a uma *mudança de linguagens*; é peculiar que esse gênero seja ao mesmo tempo um sistema bastante complexo de estilos e até de dialetos, que passam a integrá-lo como imagens de estilos e de linguagens dotadas de diferentes graus de parodicidade (consequentemente, temos diante de nós um gênero pluriestilístico, como um autêntico romance); ainda é peculiar a própria imagem de Sócrates como um protótipo notável de heroificação prosaico-romanesca (tão diferente da heroificação épica); por último, é profundameme peculiar — e isto é o mais importante para nós — a combinação do riso, da ironia e de todo o sistema de rebaixamentos socráticos com uma investigação séria, elevada e — pela primeira vez — livre, uma investigação sobre o mundo, sobre o homem e sobre o pensamento humano. O riso socrático (abafado a ponto de ser irônico) e os rebaixamentos socráticos (todo um sistema de metáforas e de comparações herdadas das baixas esferas da vida — dos ofícios, da vida cotidiana, etc.) aproximam o mundo, tornam-no familiar para que se possa examiná-lo livremente e sem medo.[21*] O ponto de partida é a atualidade, os homens vivos do entorno e as suas opiniões. A partir daí, dessa atualidade dissonante e heterodiscursiva, e por meio da experiên-

---

[21*] A ambivalência do autoelogio nos diálogos socráticos: "Sou o mais sábio de todos porque sei que nada sei".
Examinar o novo tipo de heroificação prosaica na imagem de Sócrates. A lenda carnavalesca sobre ele (Xantipa), as lendas carnavalescas em torno de Dante, Púchkin, etc. Transformação do herói em histrião.

cia pessoal e da investigação, realiza-se a orientação no mundo e no tempo (inclusive no "passado absoluto" da lenda). Mesmo o ponto de partida externo e imediato do diálogo costuma servir-se de um pretexto fortuito e insignificante (o que era canônico do gênero): nisso fica ressaltado o dia de hoje e sua conjuntura casual (o encontro casual, etc.).

Nos outros gêneros sério-cômicos encontraremos outros aspectos, matizes e consequências daquele mesmo deslocamento radical do centro axiológico-temporal da orientação artística, daquela mesma reviravolta na hierarquia dos tempos. Agora, algumas palavras sobre a sátira menipeia. Suas raízes folclóricas são as mesmas do diálogo socrático ao qual ela está geneticamente ligada (é habitual considerá-la produto da desagregação do diálogo socrático). Nela, o papel familiarizador do riso é muito mais forte, incisivo e grosseiro. Às vezes, a liberdade nos rebaixamentos grosseiros e no virar ao avesso os elementos e as concepções elevados do mundo pode chocar. Porém, nessa excepcional familiaridade do riso combinam-se uma aguda problematicidade e uma fantasticidade utópica. Nada restou da distante imagem épica do passado absoluto; o mundo inteiro e tudo o que nele havia de mais sagrado são dados sem quaisquer distâncias, na zona de contato grosseiro, tudo se pode agarrar com as mãos. Nesse mundo inteiramente familiarizado, o enredo se movimenta com uma liberdade fantástica excepcional: do céu à terra, da terra ao inferno, do presente ao passado, do passado ao futuro. Nas visões cômicas de além-túmulo da sátira menipeia, os heróis do passado absoluto, os homens públicos de diferentes épocas do passado histórico (por exemplo, Alexandre Magno) e os contemporâneos vivos encontram-se familiarmente para conversas e até para contendas; esse choque dos tempos sob a ótica da atualidade é sumamente peculiar. Os enredos desenfreadamente fantásticos da sátira menipeia estão subordinados a um objetivo: pôr à prova e desmascarar ideias e ideólogos. Trata-se de enredos provocativo-experimentais. É significativo nesse gênero o surgimento do elemento utópico, embora, é verdade, inseguro e superficial: o presente inacabado começa a sentir-se *mais próximo do futuro que do passado*, começa a procurar no futuro os suportes axiológicos, mesmo que por ora esse futuro ainda se desenhe na forma de um retorno à Era de Ouro de Saturno (em terreno romano, a sátira menipeia estava ligada da forma mais estreita às saturnais e à liberdade do riso saturnal). A sátira menipeia é dialógica, repleta de paródias e travestimentos, pluriestilística, não teme nem mesmo os elementos do bilinguismo (como em Marcus Varro e sobretudo na *Consolação da filosofia*, de Boécio). O *Satiricon* de Petrônio é o testemunho de que a sátira menipeia pode avolumar-se numa enorme tela, oferecendo um reflexo realista do mundo socialmente multiforme e heterodiscursivo da atualidade.[22*]

Quase todos os referidos gêneros do campo do sério-cômico se caracterizam pela presença de um elemento intencionalmente autobiográfico e memorialístico. O deslocamen-

---

[22*] Gógol e a sátira menipeia. Para ele, *Almas mortas* se afigurava como uma epopeia, a sua *Divina Comédia* — nessa forma ele entrevia a grandeza de seu trabalho, mas acabou produzindo uma sátira menipeia. Uma vez inserido na esfera do contato familiar, ele não conseguiu deixá-la nem transferir para essa esfera as imagens positivas distanciadas; as imagens distanciadas da epopeia e as imagens do contato familiar não podiam, em hipótese nenhuma, encontrar-se no mesmo campo da representação; o patético irrompeu no universo da sátira menipeia como um corpo estranho; o *pathos* positivo tornou-se abstrato e ainda assim escapou desse corpo. Com aquelas mesmas personagens e naquela mesma obra, Gógol não conseguiu passar do inferno ao purgatório e ao paraíso. A tragédia de Gógol é, em certa medida, a tragédia do gênero (entendendo-se o gênero num sentido não formalista, como uma zona e um campo da percepção e da representação axiológica do mundo). Gógol perdeu a Rússia de vista, ou seja, perdeu o plano para a sua percepção e representação, enredou-se entre a memória e o contato familiar (grosso modo, não conseguiu encontrar o devido foco em seu binóculo).

A ideia na zona de contato (e não na imagem distante).

to do centro temporal da orientação artística, que coloca o autor, seus leitores e o mundo por ele representados no mesmo plano axiológico-temporal, no mesmo nível, que os torna contemporâneos, possíveis conhecidos, amigos, que familiariza suas relações (menciono mais uma vez o princípio desvelada e acentuadamente romanesco do *Oniéguin*), permite ao autor, em todas as suas máscaras e aspectos, mover-se com liberdade no campo do universo representado, campo esse que na epopeia era absolutamente inacessível e fechado.[23*] Ele pode aparecer no campo da representação assumindo qualquer postura autoral, pode representar os momentos reais de sua vida ou fazer alusões a eles, pode intrometer-se na conversa das personagens, pode polemizar abertamente com seus inimigos literários, etc. Não se trata apenas do aparecimento da imagem de autor no campo da representação — trata-se de que o autor autêntico, formal, o autor primário (o autor da imagem de autor) aparece em novas relações mútuas com o mundo representado: agora estas se encontram nas mesmas dimensões axiológico-temporais, o discurso representativo do autor se encontra no mesmo plano com o discurso representado do herói e pode entrar (ou melhor, não tem como deixar de entrar) em relações dialógicas e combinações híbridas com ele. É exatamente essa nova posição do autor primário, do autor formal na zona de contato com o mundo representado, que torna possível o aparecimento da imagem de autor no campo da representação. Essa nova co-

---

[23*] O campo da representação do mundo. Ele é cronotópico. A mudança desse campo pelos gêneros e períodos do desenvolvimento da literatura. Como esse campo é organizado e limitado no espaço e no tempo. A zona do médio e a zona do grande. As limitações do campo real da visão. A tática e a estratégia.

O romance entra em contato com o elemento do presente inacabado, e esse elemento não o deixa enrijecer. O romancista tende para tudo o que ainda não está acabado (para o que está nascendo e em desagregação). O campo do enredo no romance.

O romance como gênero literário

locação do autor é um dos mais importantes resultados da superação da distância épica (hierárquica). Dispensa esclarecimentos o quão imenso é o significado compositivo-formal e estilístico dessa nova colocação do autor para a especificidade do gênero romanesco.

A atualidade, enquanto novo ponto de partida da orientação artística, de modo algum exclui a representação do passado heroico, e o faz sem qualquer travestimento. Um exemplo é a *Ciropedia* de Xenofonte, que evidentemente já não pertence ao campo do sério-cômico, mas se situa em suas fronteiras (elementos do diálogo socrático).[24] O objeto de representação é o passado, o herói é o grande Ciro. Contudo, o ponto de partida da representação é a realidade de Xenofonte: é justamente ela que fornece os pontos de vista e os pontos de referência axiológicos. É peculiar que o passado heroico escolhido pelo autor não seja o nacional, mas o *estrangeiro*, o bárbaro. O mundo já se tornara aberto; o mundo monolítico e fechado dos *seus* (como era na epopeia) dera lugar a um mundo grande e aberto tanto dos seus como dos outros. Essa escolha do heroísmo dos outros é determinada por um elevado interesse pelo Oriente — característico da época de Xenofonte —, pela cultura, pela ideologia, pelas formas sociais e políticas orientais; do Oriente esperava-se a luz. Já começara a interiluminação das culturas, ideologias e línguas. Além disso, é peculiar a idealização do déspota oriental: também aí ressoa a atualidade de Xenofonte com sua ideia (partilhada por um círculo considerável de seus contemporâneos) de renovação das formas políticas gregas num espírito próximo da autocracia oriental. Essa idealização do autocrata oriental era, sem dúvida, profundamente estranha a todo o espírito da lenda nacional helenística. É peculiar, ainda, a ideia então atualíssima da *educação do homem*, que

---

[24] Todos os gêneros do sério-cômico se caracterizam pela plena ausência dos temas eróticos.

posteriormente se tornou uma das principais ideias enformadoras do novo romance europeu. Também é peculiar a transferência intencional e extremamente aberta dos traços do Ciro-jovem — *contemporâneo* de Xenofonte, que participara de uma de suas campanhas — para a imagem do grande Ciro; sente-se também a influência de outro contemporâneo próximo de Xenofonte — Sócrates. Assim se insere na obra o elemento memorialístico. Peculiar, por último, é também a forma da obra — os diálogos emoldurados pela narração. Desse modo, a atualidade e sua problemática são o ponto de partida e o centro da apreensão artístico-ideológica e da avaliação do passado. Esse passado é dado sem distância, no nível da atualidade; é verdade que não é dado nos segmentos baixos, mas nos segmentos elevados dessa atualidade, no nível da sua problemática avançada. Observamos um certo matiz utópico nessa obra, um movimento leve (e inseguro) refletido da atualidade, que parte do passado em direção ao futuro. A *Ciropedia* é um *romance* no sentido substancial da palavra.

A representação do passado no romance não pressupõe absolutamente a modernização desse passado (sem dúvida há em Xenofonte elementos dessa modernização). Pelo contrário, a representação autenticamente objetiva do passado enquanto passado só é possível no romance. A atualidade, com suas novas experiências, persiste na própria forma da visão, na profundidade, na agudeza, na amplitude e na vivacidade dessa visão, mas de modo algum deve penetrar no próprio conteúdo representado como uma força que moderniza e deforma a singularidade do passado. Porque toda atualidade grande e séria carece de uma imagem autêntica do passado, de uma autêntica linguagem alheia e de um passado alheio.

A reviravolta na hierarquia dos tempos que caracterizamos determina também uma reviravolta radical na estrutura da imagem artística. O *presente* em seu, por assim dizer, "todo" (ainda que não seja exatamente um todo) não está concluído em princípio e no essencial: com toda a sua essência exige uma continuidade, avança em direção ao futuro e, quanto mais ativa e conscientemente avança para esse futuro, mais sensível e mais substancial é a sua natureza inconclusível. Por isso, quando o presente se torna o centro da orientação humana no tempo e no mundo, o tempo e o mundo perdem o seu caráter conclusível tanto em seu todo como em cada uma de suas partes. Muda radicalmente o modelo temporal de mundo: este se torna um mundo onde não existe a primeira palavra (o princípio ideal) e a última ainda não foi pronunciada. Para a consciência artístico-ideológica, o tempo e o mundo se tornam históricos pela primeira vez: revelam-se, mesmo que de modo inicialmente obscuro e confuso, como uma formação, como um contínuo movimento para o futuro real, como um processo uno e inacabado que tudo abrange.[25*] Todo acontecimento, qualquer que seja ele, todo fenômeno, toda coisa, em geral, todo objeto de representação artística perde aquela natureza conclusível, aquela insolúvel conclusibilidade e imutabilidade que lhe eram inerentes no mundo do "passado absoluto" da epopeia, protegido do presente contínuo e inacabado por uma fronteira inexpugnável. Através do contato com o presente, o objeto é envolvido pelo processo inacabado de formação do mundo, recebendo a marca da inconclusibibilidade. Por mais distan-

---

[25*] O centro da atividade que interpreta e justifica o passado é transferido para o futuro.

O *modernismo* indestrutível do romance, que faz fronteira com uma apreciação injusta dos tempos. A reapreciação do passado na Renascença (as "trevas do século gótico"), no século XVIII (Voltaire) e no positivismo (o desmascaramento do mito, da lenda, da heroificação), a ideia de "progresso", o salto dos últimos quatro séculos, a "consciência primitiva" do folclorismo, o máximo afastamento da memória e o máximo estreitamento do conceito de "conhecimento" (até o empirismo), o "progressivismo" mecânico como critério superior.

te de nós que ele esteja no tempo, está vinculado ao nosso presente inacabado por contínuas transições temporais, ganha uma relação com a nossa inconclusibilidade, com o nosso presente, enquanto o nosso presente caminha para um futuro inacabado. Nesse contexto inacabado perde-se a imutabilidade semântica do objeto: seu sentido e significado se renovam e aumentam na medida do contínuo desdobramento do contexto. Isso leva a mudanças radicais na estrutura da imagem artística. Esta ganha uma atualidade específica. Ganha um vínculo — nessa ou naquela forma e em grau maior ou menor — com o acontecimento presentemente contínuo da vida, com o qual nós — autor e leitores — estamos em comunhão substancial. Assim foi criada uma zona radicalmente nova de construção das imagens no romance, uma zona de contato maximamente próximo do objeto da representação com o presente em seu inacabamento e, por conseguinte, com o futuro.[26*]

Tratarei de algumas particularidades ligadas a essas questões. A ausência de acabamento e arremate internos leva a uma forte intensificação das exigências de acabamento e arremate externos e formais, particularmente do enredo. Coloca-se de maneira nova o problema do *princípio*, do *fim* e da *completude*. A epopeia é indiferente ao princípio formal, ela pode ser incompleta (ou seja, não abranger o acontecimento inteiro) e pode não ter um final rigoroso (isto é, pode ganhar

---

[26*] A profecia na epopeia e a predição no romance. A profecia épica se realiza integralmente no âmbito do passado absoluto (se não numa dada epopeia, ao menos no âmbito da lenda que a envolve), e não diz respeito ao leitor e ao seu tempo real. Já o romance quer prever os fatos, predizer e influenciar o futuro real, o futuro do autor e dos leitores.

Um capítulo específico sobre os nomes e epítetos na epopeia e no romance. O nome na ficção. O pseudônimo e a época dos pseudônimos.

Uma penetração mais profunda e mais renovadora na estrutura da imagem ficcional. A especificidade da nova problemática do romance. A categoria da reinterpretação e da reapreciação perpétuas.

um final quase arbitrário). O passado absoluto é fechado e concluído tanto no conjunto quanto em qualquer uma de suas partes. Por isso, qualquer parte pode ser enformada e apresentada como um todo. É impossível abranger o universo inteiro do passado absoluto (e ele é uno até no enredo) em uma única epopeia (isto significaria narrar de novo toda a lenda nacional), é difícil abranger até um segmento minimamente significativo desse universo. E não há mal nisso, pois a estrutura do conjunto se repete em cada parte, e cada parte é concluída e redonda como um todo. Pode-se começar a narração praticamente a partir de qualquer momento e pode-se concluí-la praticamente em qualquer momento. A *Ilíada* é um segmento aleatório da guerra de Troia. Seu final (o sepultamento de Heitor) de modo algum pode ser considerado um final do ponto de vista romanesco. Mas isto não causa nenhum prejuízo ao acabamento épico. O específico "interesse pelo fim" — como terminará a guerra?, quem vencerá?, o que será de Aquiles, etc. — é coisa absolutamente excluída em relação ao material épico, por motivos tanto internos quanto externos (todo mundo conhecia de antemão o enredo da lenda). O específico "interesse pela continuidade" (o que vem depois?) e o "interesse pelo fim" (como vai terminar?) são caraterísticos apenas do romance e possíveis apenas na zona de proximidade e de contato (são impossíveis na zona da imagem distante).[27*]

As peculiaridades da zona romanesca nas suas diversas variedades se manifestam de diferentes modos. O romance

---

[27*] Na imagem distante apresenta-se o *acontecimento inteiro*, e o interesse pelo enredo (o desconhecimento) é impossível. A categoria especulativa de *desconhecimento*.

Formas e métodos de emprego dos *excedentes* do autor (daquilo que o herói não sabe nem vê). O emprego do excedente (externo) no enredo. O emprego do excedente para um acabamento substancial da imagem do homem. O problema da exteriorização romanesca.

A questão de uma *possibilidade diferente*.

pode carecer de problematicidade. Tomemos, por exemplo, o romance vulgar de aventuras. Nele não há problemática filosófica nem sociopolítica, não há psicologia; por conseguinte, através de nenhuma dessas esferas é possível um contato com um acontecimento inacabado da vida atual e da nossa vida. A ausência de distância e de uma zona de contato é aqui empregada de maneira diferente: em vez da nossa vida enfadonha, nos oferecem, é verdade, um sucedâneo, mas trata-se de uma vida interessante e brilhante. É possível covivenciar essas aventuras, autoidentificar-se com essas personagens; tais romances quase podem tornar-se substitutos da nossa própria vida. Nada de semelhante é possível em relação à epopeia e outros gêneros *distanciados*. Aqui se revela também um perigo específico desta zona romanesca de contato: *no romance pode-se entrar por conta própria* (o que jamais seria possível na epopeia e nos outros gêneros distanciados). Daí a possibilidade de fenômenos como a substituição da própria vida pela leitura incontida de romances ou por sonhos à maneira romanesca (como o protagonista de *Noites brancas*, de Dostoiévski), como o bovarismo,[28] como o aparecimento, na própria vida, de heróis romanescos da moda — os desiludidos, os demoníacos, etc. Outros gêneros são capazes de gerar semelhantes manifestações apenas quando romancizados, ou seja, transpostos para a zona de contato romanesca (por exemplo, os poemas de Byron).

À nova orientação temporal e à zona de contato está vinculado outro fenômeno sumamente importante na história do romance: suas relações específicas com os gêneros extraliterários — gêneros ideológicos e cotidianos/de costumes. Já no período de seu surgimento, o romance e os gêneros que o antecipam se baseavam em diversas formas extraficcionais da vida pessoal e social, particularmente nos gêneros retóri-

---

[28] Ou seja, como a heroína de *Madame Bovary* (1856), romance de Gustave Flaubert. (N. do T.)

cos (existe até uma teoria segundo a qual o romance deriva da retórica). Também nas últimas épocas de seu desenvolvimento, o romance empregava ampla e substancialmente as formas das cartas, dos diários, das confissões, as formas e métodos da nova retórica forense, etc. Ao construir-se na zona de contato com o acontecimento inacabado da atualidade, o romance frequentemente cruza as fronteiras da especificidade artístico-literária, transformando-se ora em confissão moral, ora em tratado filosófico, ora em manifestação francamente política, ora degenerando numa sinceridade de confissão crua e desanuviada pela forma, em "grito da alma", etc.[29*] Todos esses fenômenos são peculiaríssimos ao romance enquanto gênero *em formação*. Porque as fronteiras entre o artístico e o extraliterário, entre a literatura e a não literatura, não foram estabelecidas pelos deuses de uma vez por todas. Toda especificidade é histórica. A formação da literatura não é apenas o seu crescimento e a sua mudança no âmbito das fronteiras inabaláveis do *specificum*; ela afeta até essas mesmas fronteiras. O processo de mudança das fronteiras das regiões da cultura (inclusive da literatura) é um processo extremamente lento e complexo. Algumas violações das fronteiras do *specificum* (como as mencionadas acima) são apenas sintomas desse processo, que transcorre em grande profundidade. No romance enquanto gênero em formação esses sintomas da mudança do *specificum* se manifestam de modo muito mais frequente, agudo, e são significativos, uma vez que o romance encabeça essas mudanças. O romance pode servir como documento para conjecturar os grandes e ainda distantes destinos do desenvolvimento da literatura.

Contudo, a mudança da orientação temporal e da zona de construção das imagens em nada se manifesta de maneira tão profunda e substancial como na *reconstrução da imagem*

[29*] O domínio da problemática filosófica e científica (violação dos limites do *specificum*).

do homem na literatura. Entretanto, no âmbito do presente ensaio, só posso tratar de passagem e superficialmente dessa grande e complexa questão.

O homem dos gêneros distantes e elevados é o homem da imagem absoluta e distante. Como tal, ele está totalmente acabado e pronto. É acabado em um nível heroico elevado, mas é acabado e irremediavelmente pronto, está *todo* ali, do princípio ao fim, coincide consigo mesmo, é absolutamente igual a si mesmo. Ademais, ele é totalmente *exteriorizado*. Entre sua autêntica essência e sua manifestação externa não há a mínima divergência. Todas as suas potencialidades, todas as suas possibilidades foram realizadas até o fim em sua posição social externa, em todo o seu destino, até em sua aparência: fora de seu destino determinado e de sua posição determinada não sobra nada dele. Ele é tudo o que poderia ser, e só poderia ser aquilo em que se transformou. Ele é todo exteriorizado também no sentido mais elementar, quase literal: nele tudo é aberto e dito de forma altissonante, seu mundo interior e todos os seus traços externos, suas manifestações e ações estão no mesmo plano. Seu ponto de vista sobre si mesmo coincide plenamente com o ponto de vista dos outros, da sociedade (do seu grupo), do cantor, dos ouvintes.[30*] Ele vê e sabe a seu respeito só aquilo que os outros

---

[30*] A questão da autoglorificação em Plutarco e outros. Nas condições do plano distante, o "eu mesmo" existe não em mim e para mim, mas para os descendentes, na memória antecipável da posteridade. Tomo consciência de mim, de minha imagem no plano distanciado do longínquo; minha autoconsciência está alienada de mim nesse plano distante da memória; vejo a mim mesmo pelos olhos do outro. Essa coincidência das formas — ou melhor, do ponto de vista sobre mim mesmo e sobre o outro — é de natureza ingênua e integral, entre elas não há divergência. Ainda não existe a confissão, o autodesmascaramento.

A coincidência do que representa com o que é representado. A orientação mútua da imagem com o contemplador.

As buscas de um novo ponto de vista sobre mim mesmo (sem as mar-

veem e sabem sobre ele. Tudo o que o outro, o autor pode dizer sobre ele, ele mesmo pode dizer de si, e vice-versa. Nele não há nada a procurar, nada a conjecturar, ele não pode ser desmascarado, não pode ser provocado: é todo externo, não há carapaça nem núcleo. Além disso, o homem épico (assim como o autor) é desprovido de qualquer iniciativa ideológica. O universo épico conhece apenas a cosmovisão una totalmente acabada, igualmente obrigatória e indubitável tanto para os heróis quanto para o autor e os ouvintes. O homem épico é desprovido também de iniciativa linguística; o universo épico conhece apenas uma linguagem una e acabada. Por isso, nem a cosmovisão, nem a linguagem podem servir como fatores de delimitação e enformação das imagens dos homens, de sua individuação. Aqui os homens estão delimitados, enformados e individualizados por diferentes posições e destinos, mas não por diferentes "verdades". Nem os deuses estão separados dos homens por uma verdade especial: eles têm a mesma linguagem, a mesma cosmovisão, o mesmo destino, a mesma exterioridade total.

Essas peculiaridades do homem épico, partilhadas no fundamental também por outros gêneros elevados e distanciados, criam uma beleza excepcional, uma integridade e uma clareza cristalina, um acabamento artístico dessa imagem do homem; mas ao mesmo tempo geram também sua limitação e certa irrealidade nas novas condições de existência da humanidade.

---

cas do ponto de vista dos outros). A questão do reconhecimento e do não reconhecimento.

A teoria do gesto romanesco expressivo (o gesto íntimo de alcova no drama). Seu afastamento da forma e seus equívocos desvelam justamente sua significação subjetiva.

A subjetividade: primeiro o desvio da norma, depois a problematicidade da própria norma. A "psicologia".

A destruição da distância épica e a passagem da imagem do homem do plano distante para a zona de contato com os acontecimentos inacabados do presente (e, consequentemente, do futuro) leva a uma reconstrução radical da imagem do homem no romance (tanto na literatura subsequente como em toda a literatura). E nesse processo desempenharam um imenso papel as fontes folclóricas e cômico-populares do romance. A etapa primeira e muito substancial da formação do romance foi a familiarização cômica da imagem do homem. O riso destruiu a distância épica, passou a estudar o homem de forma livre e familiar: colocou-o do avesso, desvelou a discrepância entre sua aparência externa e seu interior, entre a possibilidade e sua realização. Na imagem do homem foi introduzida uma dinâmica essencial, a dinâmica da incoincidência e da discrepância entre diferentes elementos dessa imagem; o homem deixou de coincidir consigo mesmo e, por conseguinte, o enredo também deixou de esgotar o homem até o fim. De todas essas incoincidências e discrepâncias o riso haure, antes de tudo, efeitos cômicos (mas não só cômicos), e nos gêneros do sério-cômico da Antiguidade delas se projetavam também imagens já de outra ordem, por exemplo, a grandiosa imagem integral e heroica de Sócrates, construída de maneira nova e complexa.

É peculiar a estrutura artística da imagem das máscaras populares estáveis, que exerceram uma imensa influência na formação da imagem do homem no romance e nas fases mais importantes do seu desenvolvimento (nos gêneros do sério--cômico da Antiguidade, em Rabelais e Cervantes).[31*] O herói épico ou trágico não são nada fora de seu destino e do enredo por este condicionado: não podem se tornar heróis de outro destino, de outro enredo. As máscaras populares — de

[31*] A realidade do romance é uma das possíveis realidades; não é necessária, mas casual. A questão de *outra possibilidade*.

Maccus,[32] Polichinelo, Arlequim —, ao contrário, podem astuciar qualquer destino e figurar em quaisquer situações (o que às vezes fazem numa mesma peça), mas elas mesmas nunca são esgotadas por esse destino ou por essas situações, e conservam sempre seu excedente alegre sobre qualquer situação e qualquer destino, conservam sempre sua feição humana simples, mas inesgotável. Por isso, essas máscaras podem agir e falar fora do enredo; além disso, é precisamente em suas manifestações fora do enredo — é nas *tricae*[33] *atellanas*, nas *lazzi*[34] da comédia italiana — que elas revelam melhor a sua feição. Nem o herói épico nem o trágico podem, por sua natureza, manifestar-se numa pausa e num intervalo fora do enredo; para isso eles não têm feição, nem gesto, nem palavra; nisso reside a sua força e nisso mesmo residem as suas limitações. O herói épico e o herói trágico, por suas próprias naturezas, estão fadados à morte. As máscaras populares, ao contrário, nunca morrem: nenhum enredo das *atellanas*, das comédias italianas ou das comédias francesas italianizadas prevê ou pode prever a efetiva morte de Maccus, Polichinelo ou Arlequim; por outro lado, muitas prevêm as suas fictícias mortes cômicas (e seu posterior renascimento). Trata-se de heróis de improvisações livres e não de heróis da lenda; trata-se de heróis de um processo renovador indestrutível e eterno, de um processo vital sempre atual, e não de heróis do passado absoluto.

---

[32] Personagem característico das *atellanae*, farsas de origem osca que tiveram grande sucesso na Roma antiga. O Maccus tem papel análogo ao de Polichinelo na *commedia dell'arte*. (N. do T.)

[33] Do latim: "intrigas". Trata-se da primeira cena das farsas *atellanas*, que dá início aos eventos da peça. (N. do T.)

[34] Do italiano: "rotinas". Na *commedia dell'arte*, trata-se de ações cômicas improvisadas ou previamente ensaiadas que correm em paralelo à ação central da peça, em seus intervalos. (N. do T.)

Essas máscaras e sua estrutura (a incoincidência consigo mesma em cada situação dada — o alegre excedente, a inesgotabilidade, etc.), repetimos, exerceram enorme influência no desenvolvimento da imagem romanesca do homem. Essa estrutura se conserva também no romance, porém numa forma mais complexa, aprofundada em termos de conteúdo e séria (ou sério-cômica).

Um dos temas internos basilares do romance é precisamente o tema da inadequaçao da personagem ao seu destino e à sua situação. O homem ou é maior do que o seu destino ou menor do que a sua humanidade. A personagem não pode permanecer até o fim sendo um funcionário, um fazendeiro, um comerciante, um genro, um ciumento, um pai, etc. E quando a personagem do romance vem a ser assim, ou seja, quando enquadra-se plenamente em sua situação e em seu destino (como o herói do gênero de costumes, ou a maioria das personagens secundárias do romance), então o excedente de humanidade pode ser realizado na imagem da personagem central; esse excedente sempre se realiza na diretriz formal e de conteúdo do autor, nos métodos de sua visão e de sua representação do homem.[35] A própria zona de contato com o presente inacabado e, por conseguinte, com o futuro, cria a necessidade dessa incoincidência do homem consigo mesmo. Nele sempre restam potencialidades não realizadas

---

[35] O homem não pode ser personificado até o fim no corpo sócio-histórico existente. Não há formas capazes de personificar até o fim todas as capacidades e exigências do homem, não há formas nas quais ele possa esgotar a si mesmo até à última palavra (como o herói trágico ou épico), não há capacidades e exigências que ele poderia preencher até as bordas sem fazê-las transbordar. Sempre restará um excedente não realizado de humanidade, sempre restarão a necessidade de futuro e um espaço necessário para esse futuro. Todas as vestes existentes são justas demais (e por isso ficam cômicas em quem as veste). Contudo, essa excedente humanidade impersonificável pode realizar-se não na personagem, mas no ponto de vista do autor (como acontece em Gógol, por exemplo).

e exigências não atendidas. Existe o *futuro*, e esse futuro não pode deixar de afetar a imagem do homem, não pode deixar de ter raízes nela.

A integralidade épica do homem desintegra-se no romance também por outras linhas: surge uma discrepância substancial entre o homem externo e interno, resultando daí que a *subjetividade* do homem passa a ser objeto da experiência e da representação, inicialmente situada no plano cômico e familiarizante; surge uma específica discrepância de aspectos — o homem para si mesmo e o homem aos olhos dos outros. Essa desintegração da integridade épica (e trágica) do homem no romance combina-se ao mesmo tempo com a preparação de sua nova e complexa integralidade em um novo grau do desenvolvimento humano.

Por último, no romance o homem adquire uma iniciativa ideológica e linguística que muda o caráter da sua imagem (um tipo novo e superior de individualização da imagem). Já na fase antiga de formação do romance, surgem ótimos protótipos de heróis-ideólogos: assim é a imagem de Sócrates, assim é a imagem do ridente Epicuro no chamado *Romance de Hipócrates*, assim é a imagem profundamente romanesca de Diógenes na vasta literatura dialógica dos cínicos e na sátira menipeia (aqui ele se aproxima acentuadamente da imagem da máscara paródica), assim é, por fim, a imagem de Menipo em Luciano. Via de regra, o herói do romance é ao mesmo tempo um herói-ideólogo.

Assim é o esquema um tanto abstrato e grosseiro de reconstrução da imagem do homem no romance.

Façamos alguns resumos do exposto.

O presente em sua inconclusibilidade, como ponto de partida e centro da orientação artístico-ideológica, é uma grandiosa reviravolta na consciência criadora do homem. No mundo europeu, essa reorientação e a destruição da velha hierarquia dos tempos ganharam uma substancial expressão de gênero no limite da Antiguidade Clássica e do Helenismo;

já no novo mundo, isso se deu na Idade Média tardia e no Renascimento. Nessas épocas assentam-se as bases do gênero romanesco, embora os seus elementos já tivessem sido preparados muito antes, e embora suas raízes remontem ao terreno do folclore. Nessas épocas, todos os outros grandes gêneros já estavam prontos havia muito, eram gêneros velhos, quase petrificados. Todos estavam penetrados de cima a baixo pela velha hierarquia dos tempos. Quanto ao romance enquanto gênero, desde o início ele se formou e se desenvolveu no terreno de uma nova sensação do tempo. O passado absoluto, a lenda, a distância hierárquica não desempenharam nenhum papel no processo de sua formação como gênero (desempenharam um papel menor apenas em alguns períodos de desenvolvimento do romance, quando ele estava sujeito a uma certa epificação, como, por exemplo, no romance barroco); o romance se formou justamente no processo de destruição da distância épica, no processo de familiarização cômica do mundo e do homem, de rebaixamento do objeto da representação artística ao nível de uma realidade contemporânea fluida e não acabada. O romance, desde o seu início, foi construído não na imagem distante do passado absoluto, mas na zona de contato imediato com essa atualidade inacabada. Seu fundamento foram a experiência pessoal e a livre invenção criadora. A nova imagem romanesca, artístico-prosaica e sensata, e a nova concepção científica crítica, fundada na experiência, formaram-se paralela e simultaneamente. Desse modo, o romance foi desde o início feito de matéria diferente da dos outros gêneros acabados; é, em certa medida, de outra natureza, e com ele e nele nasceu o futuro de toda a literatura. Por isso, ao nascer ele não poderia tornar-se simplesmente um gênero entre gêneros nem poderia construir as suas inter-relações com eles na ordem de uma coexistência pacífica e harmoniosa. Na presença do romance, todos os gêneros começam a soar de modo diferente. Iniciava-se uma longa luta pela romancização dos outros gêneros, por sua incorporação à zona de contato com a realidade inacabada. O caminho dessa luta foi complexo e sinuoso.

A romancização da literatura não é, em hipótese nenhuma, a imposição a outros gêneros de um *cânone de gênero* alheio a eles. Pois mesmo no romance tal cânone não existe. Por sua natureza, o romance não é canônico. É a própria plasticidade. É um gênero em eterna procura, que está em eterno estudo de si mesmo, sempre redefinindo todas as suas formas constituídas. Apenas um gênero construído na zona de contato imediato com uma realidade em formação pode ser assim. Por isso, a romancização dos outros gêneros não é uma subordinação a gêneros canônicos estranhos; ao contrário, é a libertação desses gêneros de tudo que era convencional, necrosado, empolado e irreal, e que lhes inibia o próprio desenvolvimento, uma libertação de tudo o que os transformava em certas estilizações de formas obsoletas.

Desenvolvi de forma um tanto abstrata as teses do presente ensaio. Ilustrei-as com apenas alguns exemplos tomados da etapa antiga de formação do romance. Minha escolha foi determinada pelo fato de que em nosso país subestima-se acentuadamente a importância dessa etapa. É característico que no artigo amplamente famoso da *Enciclopédia Literária*,[36] o romance antigo seja mencionado apenas numa entrada adicional. Quando falam da etapa antiga do romance, por tradição têm em vista apenas o "romance grego". A etapa antiga do romance é de enorme importância na compreensão da natureza desse gênero. Mas, no terreno da Antiguidade, o romance efetivamente não pôde desenvolver todas aquelas possibilidades que foram descobertas na Idade Moderna. Ressaltamos que, em algumas manifestações da Antiguidade,

---

[36] *Literatúrnaia Entsiklopédia*, editada anualmente em Moscou entre 1929 e 1939, importante órgão de publicação de assuntos básicos, temas e conceitos vinculados à literatura, bem como de informações biográficas essenciais de escritores. (N. do T.)

o presente inacabado começa a sentir-se mais próximo do futuro que do passado. Entretanto, no terreno do antigo regime escravista, carente de perspectivas, esse processo de reorientação num futuro real não podia concluir-se: esse futuro real não existia. Essa reorientação ocorreu pela primeira vez na época do Renascimento. Nessa época, o presente, a atualidade, fez-se sentir pela primeira vez não só como uma continuação inacabada do passado, mas também como um *começo* novo e heroico. Perceber as coisas no nível da atualidade significava não só rebaixá-las como também elevá-las a uma nova esfera heroica. Na época do Renascimento, o presente, pela primeira vez, foi sentido com toda nitidez e consciência incomparavelmente mais próximo e familiar do futuro que do passado.

O processo de formação do romance não chegou ao fim. Está entrando numa fase nova e magnífica. Nas condições da sociedade de classes aparece inevitavelmente em primeiro plano o processo de desintegração do velho acabamento épico e da integralidade do mundo e do homem. Esse processo foi necessário e profundamente eficaz: foi acompanhado de uma complicação e um aprofundamento singulares do mundo, de um crescimento inusual da demanda humana por sensatez e criticismo. Contudo, a criação de uma integralidade nova, complexa e em formação, que conserva todas as riquezas dessa demanda e dessa sensatez, é impossível na sociedade de classes. Essa tarefa já fica por nossa conta. O romance e o realismo romanesco entraram na nova etapa socialista de sua formação.

O fechamento de um grande ciclo teórico

Paulo Bezerra

Os dois textos que integram o presente livro têm origem em duas conferências proferidas por Bakhtin nas reuniões do grupo de teoria da literatura organizado pelo professor Leonid Timofêiev no Instituto de Literatura Mundial Maksim Górki de Moscou. A primeira conferência data de 14 de outubro de 1940, e a segunda, de 24 de março de 1941. Ambas foram publicadas pela primeira vez na revista *Vopróssi Literaturi* (*Questões de Literatura*), em 1965 e 1970, respectivamente.

Esses textos concluem a teoria do romance de Bakhtin, iniciada com os livros *Teoria do romance I: A estilística* e *Teoria do romance II: As formas do tempo e do cronotopo*. É verdade que os pressupostos da teoria do romance de Bakhtin já se encontram em outros livros, como *O autor e a personagem na atividade estética*, escrito entre 1920 e 1924, *Problemas da obra de Dostoiévski* (1929), que lança a tese do romance polifônico, e *A cultura popular na Idade Média e no Renascimento: o contexto de François Rabelais* (1940) com sua tese do romance carnavalesco, mas é nos dois presentes textos que nosso autor conclui o conjunto de sua teoria do romance como gênero literário específico, produto de mais de uma década de estudos concentrados especialmente nesse tema e na reformulação de parte essencial da teoria dos gêneros desde Aristóteles.

A primeira parte deste volume, "Sobre a pré-história do discurso romanesco", é uma incursão crítico-analítica de

Bakhtin pelas tentativas anteriores de encontrar uma linha estilística específica do romance; mas, como operavam com categorias estilísticas dos gêneros poéticos *stricto sensu* e não tomaram o romance enquanto gênero específico, os autores de tais tentativas acabaram empanando a vista do leitor para as grandes linhas estilísticas do romance e passando à margem das peculiaridades do discurso romanesco e daquilo que Bakhtin chama de *specificum* do romance como gênero, isto é, uma linguagem que se estriba num "sistema de linguagens que se interiluminam dialogicamente", uma linguagem "situada num só plano, esticada numa só linha. É um sistema de planos que se cruzam. É o centro (ideológico-verbal) do romance". Ela não pode ser descrita numa linguagem única. Daí a incapacidade daqueles pesquisadores de perceber a riquíssima gama de variações e alternâncias de vozes e pontos de vista num mesmo romance, assim como a infinita capacidade da linguagem romanesca de representar e ser representada, criando imagens dos homens, das coisas, do universo e de si mesma, como mostra Bakhtin em sua análise do discurso em *Ievguêni Oniéguin* de Púchkin.

Na análise desse romance, que o crítico Bielínski[1] chamou de "enciclopédia da vida russa", transparece a visão da literatura como produto da cultura. Para ele, "a vida russa fala com todas as suas vozes, com todas as suas linguagens e os estilos da época"; vale dizer, as vozes da cultura falam cada uma em sua especificidade própria, de seu próprio lugar, "em toda sua viva heterodiscursividade, em sua formação e renovação", as imagens de linguagem que constroem "inseparáveis das imagens das concepções de mundo e dos seus portadores vivos — homens que pensam, falam e agem numa situação histórica concreta". Portanto, longe de resvalos meramente formais, em Bakhtin a linguagem romanesca traduz

---

[1] Vissarion Bielínski (1811-1848), crítico literário russo, o primeiro a fazer um estudo sistêmico da literatura russa.

as formas concretas de ser e de expressão do homem concreto, que fala em um momento concreto da vida histórica (nos "estilos da época"), enuncia sua visão ideológica da vida e do mundo (suas "concepções de mundo"), fala da perspectiva de uma determinada cultura.

Voltando à incursão crítico-analítica de Bakhtin, verifica-se que ela se apoia numa poética histórica dos gêneros, que permite ao autor analisar os processos históricos de desintegração interna dos gêneros antigos e sua linguagem única e fechada sob o efeito de procedimentos como a paródia, na qual se cruzam "duas línguas, dois estilos, dois pontos de vista linguísticos, dois sentidos linguísticos e, em essência, dois sujeitos do discurso", produto da percepção, historicamente marcada, de novas formas de discurso literário e do surgimento de uma nova consciência crítico-linguística, o que faz da paródia um "híbrido intencional" e "intralinguístico" como decorrência da "estratificação da linguagem literária em linguagens de gênero e linguagens tendenciais", propiciando o surgimento de uma tipologia de estilos, linguagens e imagens fundamental para a estilística do romance. Desse conjunto de procedimentos medram, desenvolvem-se e consolidam-se as questões fundamentais da estilística do romance, constituídas, entre outros elementos, pelas "imagens específicas das linguagens e dos estilos", de sua organização e tipologia, pela "combinação de imagens e linguagens no conjunto do romance, as transições e guinadas das linguagens e das vozes e suas interrelações dinâmicas".

O RISO E A PARÓDIA

É fato conhecido que, na concepção bakhtiniana dos elementos constituintes do discurso e das formas de representação romanescas, cabe uma importância capital ao riso e à paródia como elementos fundamentais para o estudo da desintegração dos gêneros elevados e do surgimento dos rudimentos dos elementos formadores da prosa. Bakhtin desenvolve uma concepção própria de paródia, que guarda algumas semelhanças com o ensaio "Dostoiévski e Gógol: por uma teoria da paródia"), publicado em 1921 por Yuri Tiniánov na revista *Opoiaz*, dos formalistas russos. Mas ele omite esse ensaio, talvez porque este se restringe ao ambiente literário russo, com algumas breves alusões a autores estrangeiros, ao passo que Bakhtin visa a todo o processo de formação do discurso e das formas de representação no romance em escala universal. Diferente de Tiniánov, ao abordar o conceito de paródia Bakhtin lhe acrescenta a arte do travestimento, revestindo-o assim de uma duplicidade de discursos e de imagens: a paródia produz um segundo discurso a partir do original e uma segunda imagem do objeto parodiado, veste o original com a imagem do outro, travestindo-o em nova imagem e fazendo dele um duplo do original. Daí o conceito de arte paródico-travestizante e sua função crítica e corretiva na história da literatura. Assim, a paródia é um duplo destronante, isto é, um duplo que desloca a imagem do objeto da representação do topo da hierarquia literária, social, cultural ou cósmico-religiosa e o rebaixa comicamente, trazendo-o para a horizontalidade terrestre, onde ele entra em contato com a realidade viva do dia a dia dos homens, realidade concreta e em formação, onde esse objeto é visualizado por todos os lados, de baixo para cima e vice-versa, é cercado, apalpado, criticado, reduzido ao seu real valor na ótica da cultura que o parodia. Trata-se de um duplo travestizante que mascara o objeto elevado, isto é, veste-o com a roupagem de outro objeto, às vezes diametralmente oposto ao original, e que com isso passa a ter vida própria como duplo destronante desse original. Esse processo abrange sobretudo as formas do discurso elevado, que, uma vez parodiado, fragmenta-se e gera novos discursos mais consentâneos com as formas discursivas reclamadas pela realidade que as parodiou. Esta é uma realidade que não aceita mais as velhas formas de representação e suas linguagens, ri delas e do que representam, e então a paródia aparece como o recurso adequado para um ajuste de contas com tais formas. "A arte paródico-travestizante introduz um corretivo permanente de riso e crítica na seriedade unilateral do discurso elevado e direto, corretivo esse que é sempre mais rico, mais substancial e, especialmente, mais *contraditório* e *heterodiscursivo* do que qualquer coisa que o gênero elevado e direto seja capaz de acomodar."

Bakhtin faz um vasto apanhado de várias paródias gregas, latinas e de outras culturas: *A guerra das rãs e dos ratos*, paródia do estilo elevado da *Ilíada* (que, na Antiguidade, era atribuída ao próprio Homero); o *Virgile travesti* e a *Eneida* de Paul Scarron; os *sermons joyeux* do século XV; paródias do *Pater noster* e da *Ave Maria*, entre outras no gênero das orações; o *O garfo fatal*, de Platen; as *atellanas*. A essas formas paródico-travestizantes o mestre acrescenta ainda a contribuição da literatura romana, sobretudo a popular, com seus mimos, sátiras, epigramas, simpósios e gêneros retóricos.

Nosso autor confere um papel especial ao chamado "quarto drama", ou drama satírico, destacando como os maiores criadores nesse gênero Frínico, Sófocles, Eurípides e Ésquilo, sendo este último considerado o grande mestre do drama satírico. *O colecionador de ossos*, um dos seus mais famosos dramas satíricos, "oferece uma representação paródico-travestizante dos acontecimentos e dos heróis da guerra de Troia, ou seja, do episódio da altercação de Odisseu com Aquiles e Diomedes, cabendo observar que na ocasião é lançado um penico fedorento na cabeça de Odisseu". Bakhtin vê essa obra como "uma imagem do estilo homérico", que acaba sendo o "autêntico herói" da obra.

Como assinala nosso autor, o quarto drama "foi a *contrepartie* paródico-travestizante, de tipo peculiar, da elaboração trágica do mito correspondente". Um exemplo bem ilustrativo dessa afirmação é o drama *Alceste*, de Eurípides, concebido como tragédia, mas que, pela própria dinâmica interna e sua relação com a realidade em formação no século V a.C., acaba descambando para o híbrido trágico-satírico por meio do rebaixamento cômico das imagens dos reis Admeto e Feres e a inversão da imagem de Hércules.

Entre as imagens elevadas mais populares e parodiadas no drama satírico, Bakhtin destaca a imagem do "Odisseu cômico" como um "travestimento paródico de sua elevada imagem épico-trágica", o mesmo acontecendo na antiga farsa dórica, na comédia pré-aristofânica e "em uma série de pequenas epopeias cômicas, de discursos paródicos e disputas, dos quais era tão rica a comicidade antiga (sobretudo no sul da Itália e na Sicília)".

Mas é no terreno especificamente romanesco que encontramos a mais engenhosa paródia da imagem de Odisseu-Ulisses. No capítulo "Entre amores e feitiçarias" do *Satiricon* de Petrônio, Encólpio, narrador e garoto de programa, que vive do falo, conta uma de suas aventuras como herói falocrático. O herói épico vive da espada e através dela se afirma como tal; Encólpio, herói romanesco, vive do falo e através dele afirma sua heroica condição de doador de prazer e de vida. Eis que Encólpio perde a potência. A partir daí desenvolve-se um diálogo entre ele e seu falo, no qual este, de tão importante, vai ganhando estatuto de herói à medida que o diálogo avança. O que temos aí é uma paródia de Odisseu retornando a Ítaca, baseada em uma inversão da escala dos valores: enquanto a espada do herói épico derrama sangue, destrói e mata em nome do imobilismo histórico, e também literário, o falo do "herói" romanesco derrama sêmen, gera vida e perpetua a espécie humana, aplicando um corretivo de vida e pujante realidade na velha ordem épica e abrindo espaço para uma profunda renovação da literatura.

Objetivo central

Como mostra Bakhtin, o objetivo central de todas essas formas cômicas paródico-travestizantes foi criar um universo específico, extragêneros, visando a uma totalidade única de formas de linguagem e representação cuja síntese se afigura um imenso romance, "multígeno, pluriestilístico, implacavelmente crítico, sobriamente zombeteiro, que reflete toda a plenitude do heterodiscurso e da diversidade de vozes de uma dada cultura, povo e época".[2] Apesar de todos esses avanços na construção de novos gêneros e minigêneros, o mestre reconhece que dessa grande totalidade de discursos e vozes paródico-travestizantes o romance estava pronto para surgir em solo antigo, "mas não conseguiu absorver e empregar todo o material preparado pelas imagens de linguagem". E nesse contexto ele inclui o romance grego, Apuleio e Petrônio, constatando que "o regime escravista não foi capaz de ir além disso".

Pela leitura de Bakhtin, a pré-história do discurso romanesco resume-se a uma luta da prosa literária por formas de representação radicalmente distintas daquelas que haviam caracterizado os gêneros elevados.

O romance como gênero literário

Este é o título original do texto publicado fragmentadamente como "Epos e romance",[3] agora restaurado em sua edição definitiva por Vadim Kójinov e Serguei Botcharov. Trata-se da segunda conferência de Bakhtin versando sobre

---

[2] Visto dessa perspectiva e em seu conjunto, o cordel nordestino representa um imenso romance.

[3] O texto foi publicado com esse título na revista *Questões de Literatura* (1970) e no livro *Questões de literatura e de estética* (1975).

o romance como gênero literário específico. A restauração do título original correspondeu integralmente ao projeto original do autor de fazer uma leitura percuciente do gênero épico, especificamente de Homero, à luz de uma poética histórica dos gêneros literários. Antes dessa conferência, Bakhtin escreveu o esboço intitulado "Para as questões de teoria do romance", texto da mais alta importância teórica, no qual o autor expõe — em forma especulativo-laboratorial e com muitas frases-conceito inacabadas — várias de suas considerações sobre a epopeia e o romance, os encontros e desencontros dos dois gêneros, comenta ideias e conceitos de outros autores e deixa clara sua rejeição ao conceito hegeliano de romance como epopeia burguesa, o que, aliás, depreende-se dos seus escritos sobre o tema. Ao defender uma teoria dos gêneros com base numa "filosofia dos gêneros", e constatar que esta ainda não existe, Bakhtin arremata:

"A filosofia hegeliana dos gêneros é inaceitável. Além do idealismo, há limitações no seu material histórico. Nessas questões ele não esteve à altura de sua época, não só à altura de Humboldt, mas nem dos irmãos Schlegel."[4]

A polêmica com a herança hegeliana é notória em toda a obra bakhtiniana sobre o romance, e especialmente no tocante à confusão que se tem feito entre o dialogismo bakhtiniano e a dialética. Em 1935, Georg Lukács publicou um ensaio de mais de sessenta páginas intitulado "O romance como epopeia burguesa",[5] no qual dedica um grande espaço às

[4] Mikhail Bakhtin, "K vopróssam o teórii romana" ("Para as questões de teoria do romance"), *Obras reunidas*, t. 3, Moscou, Yazikí Slaviánskikh Kultur, 2012, p. 599.

[5] "Roman kak burjuaznaia epopeia", em *Literatúrnaia Entsiklopedia* (*Enciclopédia Literária*), t. 9, Moscou, 1935, pp. 795-832.

considerações filosóficas de Hegel sobre literatura e reproduz, sem reparos, a tese hegeliana do romance como epopeia burguesa. Lukács já era marxista e um importante colaborador do grupo responsável pela teoria do chamado realismo socialista. Havia nesse grupo a tese segundo a qual a sociedade dirigida pela classe operária (uma das maiores falácias da história moderna!) criara condições para o surgimento do romance épico como representação da totalidade social nacional. Sabe-se que Bakhtin apreciava muito o livro *A teoria do romance*, de Lukács, e até tentou traduzi-lo. Mas sua rejeição ao ensaio "O romance como epopeia burguesa" e sobretudo à ideia de "romance épico" é notória e recorrente em "Para as questões de teoria do romance", onde ele critica Lukács nominalmente e chama de estreita sua concepção histórica sobre o romance:

> "A tentativa de definição do herói romanesco em Lukács. [...] Tudo começa com a Renascença e o nascimento da sociedade burguesa. É uma concepção equivocada sobre a própria Renascença, que aí é medida por escalas dos séculos XVIII e XIX."[6]

Noutra passagem do mesmo texto, em que Bakhtin ressalta a vastidão histórica do universo romanesco, há uma crítica a um conceito caro a Lukács: a degradação do homem no capitalismo:

> "A degradação do homem como dotado de iniciativa no romance não se deve só (e nem tanto assim) ao sistema capitalista, mas também à expansão do mundo e suas mudanças qualitativas (não

---

[6] "Para as questões de teoria do romance", *Obras reunidas*, t. 3, *op. cit.*, p. 587.

se trata do mundo pequeno e fechado dos meus, mas do mundo imenso e aberto dos outros)."[7]

—, entendendo-se por "mundo fechado dos seus" o mundo da epopeia, e por "mundo aberto dos outros" o mundo do romance.

Tudo isso diz respeito ao contexto histórico, cultural e ideológico em que Bakhtin escreve toda a sua teoria do romance. Falando no mesmo Instituto Maksim Górki um mês depois de sua segunda conferência, Bakhtin afirmou:

"No campo da teoria do gênero, não nos distanciamos muito de Aristóteles. [...] No fundo, não chegamos a lugar nenhum. O ponto de vista histórico não elaborou uma metodologia efetivamente substancial. Dentro dos fundamentos que Aristóteles nos legou, nosso historicismo conseguiu inserir nas questões do gênero apenas uma massa de material cru ecleticamente reunido."[8]

Vejamos "O romance como gênero literário" no contexto mais amplo da história do romance.

Este é o texto que quebrou os paradigmas tradicionais nos estudos e enfoques da história e da teoria do romance. Em primeiro lugar, porque nenhum estudioso anterior a Bakhtin tratara o romance como gênero literário específico e sedimentado por um tipo de discurso que o distingue — por princípio, forma e estrutura — de todos os outros gêneros. Em segundo lugar, porque o romance, como afirma Bakhtin, é o único gênero nascido "em plena luz do dia histórico", donde sua extraordinária capacidade de captar e incorporar

[7] *Idem*, p. 562.

[8] Serguei Botcharov e Vadim Kójinov, "Comentários a 'O romance como gênero literário'", em Bakhtin, *Obras reunidas*, t. 3, p. 832.

à sua estrutura e ao seu discurso as vicissitudes da cultura emanadas do processo histórico e traduzidas em formas de linguagens, hábitos e atitudes em face daquilo que ocorre no entorno dos homens. Em suma, o romance é para Bakhtin um novo modo de ser e permanecer da própria literatura, e tem como especificidade a pluralidade de estilos e discursos, que ele chama de *heterodiscurso*, meio próprio de abranger e representar o mundo e a vida humana em todas as suas facetas e manifestações e por meio de todas as vozes que os povoam.

Bakhtin destaca como elemento essencial na história da formação e consolidação do romance sua luta com os outros gêneros acabados, e critica os historiadores e teóricos da literatura que reduzem essa luta e todos os fenômenos desse processo de "romancização" à luta entre escolas e tendências. Comparando o processo literário a uma ação dramática, ele diz que os gêneros são as personagens centrais, ao passo que as tendências e escolas não passam de coadjuvantes. Para ele, a teoria da literatura — ao estudar os gêneros enquanto objetos acabados, sem variações entre uma época e outra, sempre conservando sua estabilidade e seu caráter *canônico* —, não acrescentou quase nada de essencial à *Poética* de Aristóteles, que permanece o "fundamento inabalável da teoria dos gêneros", não deu solução minimamente satisfatória a essa questão, e viu o romance apenas como um gênero entre outros gêneros acabados, tentando mostrá-lo em seu "cânone interno", com marcas estáveis e sólidas, ao passo que para Bakhtin o romance não tem cânone, caracterizando-se precisamente por sua extraordinária força proteica. Tudo isso redundou no impasse das teorias do romance; daí Bakhtin considerar bem mais substanciosas as opiniões dos próprios romancistas a respeito do gênero e suas peculiaridades.

Como em sua concepção o romance é produto da desintegração dos gêneros elevados, especialmente do épico, fazia--se necessário rever com novos olhos o modelo gerador do grande gênero narrativo, mostrar a epopeia em seu interior, verificar seus movimentos, em suma, não simplesmente descrevê-la, mas mostrar de que se constitui, como funciona, até onde seu arcabouço e seus valores resistem aos impactos do tempo, o que ela pode prenunciar.

Diferentemente de todos os estudiosos anteriores e contemporâneos que faziam um apanhado geral da epopeia sem entrar na especificidade de seus componentes estruturais, Bakhtin a expõe como um gênero assentado numa estrutura triádica de objeto, fonte e tempo da narração ou enunciação assim constituídos: 1) a epopeia tem como objeto o passado heroico nacional, um passado totalmente acabado, definido, imutável e dado de uma vez por todas, que ele denomina "passado absoluto"; 2) a epopeia tem como fonte a lenda nacional, na qual inexiste espaço para a experiência pessoal e para a livre invenção baseada nessa experiência; 3) o mundo épico está separado da atualidade do cantor (do aedo, ou do narrador) e do ouvinte por uma muralha intransponível, que ele chama de "distância épica absoluta".

Definido o objeto, parte-se para a verificação do seu conteúdo e de quem o povoa. Assim, "O mundo da epopeia é o passado heroico nacional, o mundo dos 'princípios' e do 'apogeu' (*arché* e *akmé*) da história nacional, o mundo dos pais e dos ancestrais, o mundo dos 'primeiros' e 'melhores'". Note-se que a esses elementos de fundação — os pais, os ancestrais, os primeiros — nosso autor acrescenta um critério de valor (axiológico), cultural e ideológico — os "melhores". Isso o distingue de todos os estudiosos anteriores e contemporâneos do tema — Hegel, Lukács, Emil Staiger —, que passaram à margem da questão axiológica. Bakhtin é respaldado pelos maiores helenistas atuais como Marcel Detienne, Jean-Pierre Vernant, Pierre Vidal-Naquet e Moses Finley, entre outros.

A definição bakhtiniana do universo da epopeia sugere duas questões: uma social e outra axiológica. A primeira se refere àquele segmento da estrutura social do mundo épico que, por direito e dever, encarna em si a categoria de heroico e, portanto, fornece os elementos que a materializam, isto é, os heróis. Estes, dado o elevado prestígio social de que gozam, só podem ter origem na classe socialmente alta e detentora do poder. A segunda questão deriva naturalmente da realização dos atos heroicos, que, sendo exclusivos dos representantes da aristocracia, dão a estes a qualificação de ancestrais, de fundadores e "primeiros", consequentemente, de "melhores". Logo, a questão axiológica é produto de um universo social fechado, onde só há lugar para membros da classe dominante, os únicos a merecerem a condição de objeto da representação no discurso épico por deterem a exclusividade de ter genealogia, passado e história. Isto os distingue da quase totalidade representada pela soldadesca anônima, para quem o aedo não tem voz: "Da multidão não direi coisa alguma, nem mesmo os seus nomes,/ nem que tivesse dez bocas e dez, também, línguas tivesse".[9]

Como se trata de um texto épico, os fatos efetivamente importantes acontecem no campo de batalha, na luta que revela os "melhores", que, por sua vez, só podem pertencer ao campo da aristocracia. Analisando o substrato social que alimenta a representação épica, Moses Finley escreve:

> "Na história dos poucos dias que decorrem entre a ofensa feita por Agamêmnon e a morte de Heitor nas mãos de Aquiles, como no episódio da grande conspiração em Ítaca, a aristocracia oferece todos os personagens. Já a *Odisseia* apresenta ainda habitantes da ilha, como o porqueiro Eumeu, a velha Euricleia, o aedo Fêmio, os copeiros anônimos, os marinheiros e as servas, os servidores de

---

[9] Homero, *Ilíada*, II, 488-9, tradução de Carlos Alberto Nunes, São Paulo, Melhoramentos, 4ª ed., 1962, p. 75.

toda espécie. O pensamento do poeta é evidente: no campo de batalha, como nesta luta pelo poder que constitui o tema de Ítaca, apenas os aristocratas desempenham um papel."[10]

Portanto, o critério de valor que qualifica os "melhores" é imanente à estrutura social, à qual também é imanente o narrador, que, totalmente engajado em tais valores, narra em perfeita empatia com esse universo, "fala de um passado inatingível para ele" da "posição reverente das gerações descendentes".

O segundo componente estrutural da tríade épica é a lenda nacional. O passado épico está "isolado dos tempos pósteros por um limite impenetrável, mantém-se e revela-se apenas na forma da lenda nacional", e esta, assim como o passado absoluto, é imanente à forma da epopeia. "O universo épico do passado absoluto é por natureza inacessível à experiência pessoal e não admite o ponto de vista e a avaliação pessoal-individual." Cantor e ouvintes não têm acesso aos fatos narrados senão através das lendas e mitos: "Musas, que o Olimpo habitais, vinde agora, sem falhas, contar-me,/ pois sois divinas e tudo sabeis: sois a tudo presentes;/ *nós nada vimos; somente da fama tivemos notícia*".[11] Como o passado épico é isolado por um *limite absoluto* de todos os tempos pósteros em que se encontram o cantor e os ouvintes, o narrador/cantor se vê forçado a pedir socorro às Musas, porque ele e seus ouvintes "nada viram", apenas tiveram notícia "da fama", que leva tempo para se consolidar e ser reconhecida. Assim, o apoio na lenda impessoal e indiscutível determina a forma e o conteúdo do gênero épico.

---

[10] Moses Finley, *O mundo de Ulisses*, tradução de Armando Cerqueira, Lisboa, Editorial Presença, 1982, p. 51.

[11] Homero, *Ilíada*, II, 486-8, *op. cit.* (grifos meus).

O terceiro componente estrutural da tríade épica é a "distância épica absoluta", recriação bakhtiniana do "passado absoluto" de Goethe e Schiller. O passado absoluto como objeto da epopeia e a lenda indiscutível como sua única fonte determinam também a distância épica. O mundo épico está separado da atualidade do cantor e de seus ouvintes por uma barreira intransponível que lhes veta o acesso aos fatos narrados. A guerra de Troia aconteceu no século XII a.C., Homero é homem do século VIII para o VII a.C., logo, entre o tempo da ação bélica dos gregos contra os troianos e sua narração existe uma caixa preta de quatro a cinco séculos de lendas e mitos. Isso inviabiliza o acesso do narrador aos acontecimentos bélicos, impede-o de emitir qualquer juízo próprio, de inserir valores de sua época no contexto da época da ação bélica (na época de Homero já existia, por exemplo, a cavalaria como destacamento militar, mas esta não aparece na *Ilíada*), levando-o a narrar não só conforme o que recebeu das lendas e mitos como também do ponto de vista mítico-lendário. É isso que caracteriza e define a distância épica absoluta. Narrando como descendente e imanente à própria estrutura do gênero, o narrador não tem ponto de vista próprio, não faz apreciações, limita-se a raros queixumes perante os deuses sobre os destinos do homem — em suma, é um narrador reverente, que apenas reproduz o que recebeu da fonte do gênero épico.

Em mais uma inovação na análise do gênero épico, Bakhtin surpreende ao abordar a relação entre narração e recepção como componentes estruturais do gênero, guardadas apenas as diferenças determinadas pela distância épica absoluta. Nessa perspectiva, o cantor/narrador e o ouvinte, "imanentes à epopeia enquanto gênero, encontram-se num mesmo tempo e num mesmo nível axiológico". Trocando em miúdos: nas cortes da Jônia, espaço da aristocracia, o cantor narra os grandes feitos dos heróis, primeiros e "melhores", para os descendentes dessa mesma aristocracia, que comungam com ele, cantor, nos mesmos valores do gênero, e passarão adiante os relatos heroicos para perpetuar na memória das gerações futuras aqueles grandes feitos. Em suma, preencherão a "memória de bronze" da epopeia com as narrações daqueles fatos heroicos. Frise-se que Bakhtin tem o cuidado de acrescentar que cantor e ouvinte estão juntos apenas no universo da recepção, porque "o universo representado dos heróis se encontra em nível axiológico-temporal inteiramente distinto e inacessível", mediado pela "lenda nacional", ou seja, afastado pela distância épica absoluta. O narrador não tem o poder de aproximar os tempos da ação e da narração, porque ignoraria a lenda e cometeria contra o épico uma grave infração em termos de gênero. "Representar um acontecimento que esteja a mesmo nível axiológico-temporal consigo e com seus contemporâneos (e, por conseguinte, à base da experiência e da invenção individual) significa realizar uma transformação radical — passar do mundo épico para o *romanesco*".

Antes de passar ao último componente da estrutura do gênero épico, cabe mais um comentário sobre o engajamento absoluto do narrador com os valores do universo representado. No canto II da *Ilíada*, há um episódio que ilustra bem esse engajamento diante de um momento de crise provocada pelas sucessivas derrotas dos gregos frente aos troianos. Agamêmnon, comandante em chefe dos gregos, revela-se tão inepto que Odisseu lhe toma o cetro. Tersites, um guerreiro da baixa nobreza, logo, de condição social inferior, interpela o comandante, acusando-o de açambarcador dos troféus da guerra, das escravas e responsável pelas muitas desgraças que se abatem sobre os gregos. Observe-se que antes disto Aquiles já altercara com Agamêmnon e o qualificara com epítetos mais baixos e bem mais graves, e o narrador limitou-se apenas a narrar. Já com Tersites ele teve o cuidado de desqualificá-lo antes de lhe dar a palavra: Tersites é "o mais feio de quantos no cerco de Troia se achavam", tem "pernas em arco, puxando de uma perna, [...] espáduas recurvas, [...] crânio informe, [...] raros cabelos". Descrito o espantalho, vem o principal, a desqualificação do discurso: "bestunto repleto de frases ineptas". Depois Odisseu espanca Tersites com o cetro para o riso de todos. Portanto, Tersites não é punido senão pela ousadia de usar da palavra, monopólio exclusivo dos *aristói*, isto é, dos melhores.[12]

Por fim, o último componente da estrutura do gênero épico: o homem épico, o herói. Trata-se de um herói acabado, totalmente exteriorizado em sua forma e em seu conteúdo, imóvel como seu mundo, com todas as potencialidades realizadas. "Ele é tudo o que poderia ser, e só poderia ser aquilo em que se transformou." Totalmente diferente da personagem romanesca em eterna mudança, "seu ponto de vista sobre si mesmo coincide plenamente com o ponto de vista dos outros, da sociedade (do seu grupo), do cantor, dos ouvintes. Ele vê e sabe a seu respeito só aquilo que os outros veem e sabem sobre ele. Tudo o que o outro, o autor pode dizer sobre ele, ele mesmo pode dizer de si, e vice-versa. Além disso, o homem épico (assim como o autor) é desprovido de qualquer iniciativa ideológica. O universo épico conhece apenas a cosmovisão una totalmente acabada, igualmente obrigatória e indubitável tanto para os heróis quanto para o autor e os ouvintes. O homem épico é desprovido também de

---

[12] Apesar de a estrutura do universo épico ser fechada, as correntes subterrâneas da cultura (expressão cara a Bakhtin) vão abrindo lentos sulcos nos substratos da história sobre a qual se alicerça esse gênero. O episódio de Tersites sugere certo cansaço, certa exaustão com a guerra e seus sentidos, e uma tendência, ainda muito incipiente, a alguma mudança que mais tarde seria conhecida como "reforma hoplita". Para o leitor interessado numa compreensão mais profunda do referido episódio, remeto ao capítulo V de *Mestres da verdade na Grécia arcaica*, de Marcel Detienne, (tradução de André Daher, Rio de Janeiro, Jorge Zahar Editor, 1988) e *A Grécia arcaica de Homero a Ésquilo*, de Claude Mossé (tradução de Emanuel Lourenço Godinho, Lisboa, Edições 70, s.d.).

iniciativa linguística; o universo épico conhece apenas uma linguagem una e acabada". Tudo isso se deve ao fato de que o universo épico se constrói na *zona da imagem absoluta distante*, totalmente diferente do romance, que se constrói no contato com a realidade em formação e no qual o homem é maior do que o seu destino e melhor do que a sua humanidade: estagnar-se significaria o seu fim.

Ao longo de todo o ensaio do épico como gênero, de sua estrutura triádica e dos demais componentes, Bakhtin reitera a condição axiológica do épico como atributo essencial e exclusivo do gênero, e isto o distingue muitíssimo de todos os outros teóricos que o analisaram. Reitera a velhice profunda do gênero, sua condição de "absolutamente acabado, até enrijecido e quase necrosado"; está situado num passado tão distante que podemos apenas conjecturar sobre ele, bem como sobre os seus antecedentes.

Esse gênero fechado, do qual a *Ilíada* é o exemplo mais completo e acabado, não se repetiu posteriormente com igual ossatura e iguais valores em outros poemas épicos. Uma leitura atenta da *Odisseia*, sobretudo do episódio em que Odisseu, travestido de mendigo, luta com o mendigo Iros pelas sobras da mesa de Penélope para o deleite e o riso dos príncipes presentes, mostra uma séria corrosão do gênero épico. Em primeiro lugar, a ação e a narração, polos da estrutura do épico separados entre si pela distância épica absoluta, estão agora no mesmo nível temporal, pois o mendigo é uma categoria social totalmente estranha ao universo elevado do gênero. O apagamento da distância épica absoluta entre o tempo da ação e o tempo da narração é um desvio fatal para o gênero. Depois, ao se travestir de mendigo, Odisseu se coloca no mesmo nível de valores de Iros. Assim, a luta em si promove um rebaixamento cômico de Odisseu, cuja imagem é deslocada do topo da hierarquia social e literária para o rés do chão da realidade terrestre. Igualando-se a Iros como imagem, Odisseu vira objeto do riso dos presentes. Como imagem, a cena transborda numa paródia como duplo destronante de Odisseu, que, daquela imagem indivisa e acabada, vira um duplo de si mesmo, metade rei e herói, metade mendigo. Sua antiga inteireza épica resvala para a ambiguidade caracteristicamente romanesca. Não importa se o travestimento de Odisseu é um estratagema da deusa Atena para facilitar-lhe a penetração em seu palácio e matar os pretendentes de Penélope. O mais importante é constatar que o gênero, já sem condições de resolver seus desafios como na *Ilíada*, demonstra sua exaustão, autoparodia-se, dá sinais de desintegração. Quando o herói deixa de coincidir consigo mesmo e com o que os outros esperam dele, temos os elementos romanescos infiltrando-se nos gêneros elevados, que pouco a pouco vão se desintegrando. Essa desintegração dá lugar ao surgimento de novos gêneros e de um imenso território discursivo, base do heterodiscurso que alimentará o romance como gênero.

Na concepção de Bakhtin, o vasto campo do riso popular em terreno clássico fez medrar o campo do sério-cômico, incluídos aí os diálogos socráticos e a sátira menipeia como autênticos precursores do romance; além disso, alguns deles são gêneros de tipo puramente romanesco, que contém em embrião e às vezes em forma desenvolvida os elementos basilares das variedades mais importantes e mais tardias do romance europeu.

Tudo isso se deveu à destruição da distância épica absoluta, que promove a passagem da imagem do homem do plano distante para a zona de contato com os acontecimentos inacabados do presente, provocando uma profunda mudança na hierarquia dos tempos e uma reviravolta radical na imagem artística. É essa reviravolta que propiciará a nova imagem do homem na literatura e, nessas condições, o romance está pronto para nascer.

Bakhtin aceita a tese do romance como integrante da grande tradição narrativa épica, mas ressalta que o romance é feito de outra matéria, produto de uma realidade em formação, com procedimentos estético-composicionais, foco narrativo, espaço e tempo completamente diferentes, pois o romance é o gênero de um mundo em formação e sempre novo. As diferenças entre epopeia e romance dizem respeito à estrutura de ambos, mas principalmente à cultura. Para Bakhtin, a teoria do romance como "epopeia burguesa" ignora as raízes folclóricas do romance, isto é, ignora a cultura que o sedimenta, o pluralismo e o dinamismo que o caracterizam; o mundo "unicultural" da epopeia é substituído pelo "mundo pluricultural" do romance, e "nisto reside a absoluta superioridade do romance sobre a epopeia". A "atitude épica em face do mundo é passiva", enquanto "a imagem do romance é ativa, está situada nas fronteiras entre a palavra e a ação"; a imagem épica é profundamente reverente", enquanto "a imagem do romance é dinâmica, abrange ambos os campos da formação".

Uma questão central: o tom. "É precisamente o tom — o tom no sentido mais profundo e principial — que difere o romance da epopeia." A epopeia

> "é heroica, e esta é sua definição formal e de enredo, ou seja, ela não só representa os heróis que cometem façanhas, como também os heroifica. O romance também pode representar heróis que cometem façanhas, mas não os heroifica. À luz do futuro e de uma exigência sem fim, eles sempre têm seu calcanhar de Aquiles, mas esse calcanhar é profundamente humano."[13]

A análise da epopeia e de sua desintegração em outros gêneros como pressupostos para a formação do romance en-

---

[13] Mikhail Bakhtin, "Para as questões de teoria do romance", *Obras reunidas*, t. 3, *op. cit.*, pp. 559-63.

quanto gênero literário específico, assim como das múltiplas formas de discurso e representação, são o tema central deste volume e a grande contribuição de Bakhtin para o estudo do romance.

Uma última questão: depois de polemizar por muito tempo com a ideia da imagem de autor, criada por Viktor Vinográdov, sugerindo em seu lugar as categorias de autor primário e autor secundário, Bakhtin acabou incorporando-a ao seu sistema de conceitos teóricos. Trata-se de uma imagem de autor tão imanente à estrutura da obra como a de autor secundário, e ela aparece no campo da representação. Os conceitos de autor primário, autor secundário e imagem de autor como imanentes à estrutura do texto literário, especialmente do romance, é a resposta de Bakhtin para a chamada crise da autoria. Aliás, quem defende a tal "morte do autor" pode se apoiar em quem lhe aprouver, menos em Bakhtin.

Sobre o autor

Mikhail Mikháilovitch Bakhtin nasceu no dia 17 de novembro de 1895 em Oriol, na Rússia, em uma família aristocrática, e passou a infância nas cidades de Oriol, Vilna e Odessa. Ingressou na Universidade de Odessa em 1913 e prosseguiu os estudos na Universidade Imperial de Petrogrado (hoje Universidade Estatal de São Petersburgo), onde permaneceu até 1918. Neste ano mudou-se para Nével (na atual Bielorrússia), onde foi professor de história, sociologia e língua russa durante a guerra civil, transferindo-se em 1920 para a capital regional Vitebsk. Nessa época liderou um grupo de intelectuais que ficaria mais tarde conhecido como Círculo de Bakhtin, e que incluía nomes como Matvei Kagan, Maria Iúdina, Lev Pumpianski, Ivan Solertinski, Valentin Volóchinov e Pável Medviédev. Em 1921 casou-se com Ielena Aleksándrovna Okólovitch, e em 1924 o casal se mudou para São Petersburgo, então chamada Leningrado.

Em dezembro de 1928, Bakhtin foi preso por participar do círculo filosófico-religioso Voskressênie (Ressurreição). Nessa mesma época, publicou um de seus trabalhos mais importantes, *Problemas da obra de Dostoiévski* (1929), mais tarde revisto. Em 1928 e 1929 também são publicados dois livros fundamentais do Círculo da Bakhtin: respectivamente *O método formal dos estudos literários*, de Medviédev, e *Marxismo e filosofia da linguagem*, de Volóchinov, que chegaram a ser atribuídos ao próprio Bakhtin. Inicialmente condenado a cinco anos em um campo de trabalhos forçados, Bakhtin teve, devido à saúde frágil, a pena comutada para o exílio em Kustanai, no Cazaquistão, onde viveu entre 1930 e 1936.

Mesmo depois de terminado o período de degredo, Bakhtin continuou proibido de viver em grandes cidades e permaneceu com extrema dificuldade para publicar seus trabalhos. Depois de algumas mudanças estabeleceu-se em Saransk, onde trabalhou no Instituto Pedagógico da Mordóvia entre 1936 e 1937. Com a turbulência política, precisou abandonar Saransk ainda em 1937, morando clandestinamente em casas de amigos em Moscou e Leningrado, e depois conseguindo uma residência em Saviólovo, próximo a Moscou, no distrito de Kimri, onde lecionou em duas escolas de ensino médio até 1945. Ainda em 1938, a doença crônica de que sofria, a osteomielite, se agravou, e Bakhtin precisou amputar uma perna. Nesse período redigiu sua famosa tese de doutorado sobre François Rabelais, defendida no Instituto de Literatura Mundial, em Moscou, em 1946. A tese gerou polêmica, e o título pleno de doutor lhe foi negado. Também nessa época foi escrito o ciclo de trabalhos sobre o gênero romanesco, nos quais o autor desenvolveu o conceito de cronotopo. As obras desse produtivo período em Saviólovo só seriam publicadas décadas mais tarde. De volta a Saransk, em 1945, o autor retomou o posto de professor de literatura universal no Instituto Pedagógico da Mordóvia, instituição que recebeu o status de universidade em 1957, e na qual permaneceu até se aposentar, em 1961.

Desde 1930 Bakhtin não havia publicado quase nada e estava isolado dos principais circuitos acadêmicos e literários da União Soviética. Em 1960, três estudantes de Moscou — Vadim Kójinov, Serguei Botcharóv e Gueórgui Gátchev — redescobriram seu livro sobre Dostoiévski e, surpresos em saber que o autor seguia vivo e morava em Saransk, escreveram-lhe uma carta. A partir desse momento seguiu-se uma série de publicações que trouxeram seu nome de volta ao cenário intelectual soviético: a obra sobre Dostoiévski foi completamente revista e publicada novamente sob o título *Problemas da poética de Dostoiévski* (1963); em seguida, publicou *A cultura popular na Idade Média e no Renascimento: o contexto de François Rabelais* (1965) e preparou a coletânea de ensaios *Questões de literatura e de estética*, publicada logo após sua morte. A obra de Bakhtin só veio a ser conhecida no Ocidente a partir de 1967, mesmo ano em que o autor foi oficialmente reabilitado pelo governo russo. Faleceu em 1975 em Moscou, onde seis anos antes fixara residência.

Sobre o tradutor

Paulo Bezerra estudou língua e literatura russa na Universidade Lomonóssov, em Moscou, especializando-se em tradução de obras técnico-científicas e literárias. Após retornar ao Brasil em 1971, fez graduação em Letras na Universidade Gama Filho, no Rio de Janeiro; mestrado (com a dissertação "Carnavalização e história em *Incidente em Antares*") e doutorado (com a tese "A gênese do romance na teoria de Mikhail Bakhtin", sob orientação de Afonso Romano de Sant'Anna) na PUC-RJ; e defendeu tese de livre-docência na FFLCH-USP, "*Bobók*: polêmica e dialogismo", para a qual traduziu e analisou esse conto e sua interação temática com várias obras do universo dostoievskiano. Foi professor de teoria da literatura na Universidade do Estado do Rio de Janeiro, de língua e literatura russa na USP e, posteriormente, de literatura brasileira na Universidade Federal Fluminense, pela qual se aposentou. Recontratado pela UFF, é hoje professor de teoria literária nessa instituição. Exerce também atividade de crítica, tendo publicado diversos artigos em coletâneas, jornais e revistas, sobre literatura e cultura russas, literatura brasileira e ciências sociais.

Na atividade de tradutor, já verteu do russo mais de quarenta obras nos campos da filosofia, da psicologia, da teoria literária e da ficção, destacando-se: *Fundamentos lógicos da ciência* e *A dialética como lógica e teoria do conhecimento*, de P. V. Kopnin; *A filosofia americana no século XX*, de A. S. Bogomólov; *Curso de psicologia geral* (4 volumes), de R. Luria; *Problemas da poética de Dostoiévski*, *O freudismo*, *Estética da criação verbal*, *Teoria do romance I: A estilística*, *Teoria do romance II: As formas do tempo e do cronotopo*, *Teoria do romance III: O romance como gênero literário*, *Os gêneros do discurso* e *Notas sobre literatura, cultura e ciências humanas*, de M. Bakhtin; *A poética do mito*, de E. Melietinski; *As raízes históricas do conto maravilhoso*, de V. Propp; *Psicologia da arte*, *A tragédia de Hamlet, príncipe da Dinamarca* e *A construção do pensamento e da linguagem*, de L. S. Vigotski; *Memórias*, de A. Sákharov; e *O estilo de Dostoiévski*, de Nikolai Tchirkóv; no campo da ficção traduziu *Agosto de 1914*, de A. Soljenítsin; cinco contos de N. Gógol reunidos no livro O *capote e outras histórias*; *O herói do nosso tempo*, de M. Liérmontov; *O navio branco*, de T. Aitmátov; *Os filhos da rua Arbat*, de A. Ribakov; *A casa de Púchkin*, de A. Bítov; *O rumor do tempo*, de O. Mandelstam; *Em ritmo de concerto*, de N. Dejniov; *Lady Macbeth do distrito de Mtzensk*, de N. Leskov; além de *O duplo*, *O sonho do titio* e *Sonhos de Petersburgo em verso e prosa* (reunidos no volume *Dois sonhos*), *Escritos da casa morta*, *Bobók*, *Crime e castigo*, *O idiota*, *Os demônios*, *O adolescente* e *Os irmãos Karamázov*, de F. Dostoiévski.

Em 2012 recebeu do governo da Rússia a Medalha Púchkin, por sua contribuição à divulgação da cultura russa no exterior.

Obras do Círculo de Bakhtin publicadas pela Editora 34

Mikhail Bakhtin, *Questões de estilística no ensino da língua*, tradução, posfácio e notas de Sheila Grillo e Ekaterina Vólkova Américo, apresentação de Beth Brait, São Paulo, Editora 34, 2013.

Mikhail Bakhtin, *Teoria do romance I: A estilística (O discurso no romance)*, tradução, prefácio, notas e glossário de Paulo Bezerra, São Paulo, Editora 34, 2015.

Mikhail Bakhtin, *Os gêneros do discurso*, organização, tradução, posfácio e notas de Paulo Bezerra, São Paulo, Editora 34, 2016.

Valentin Volóchinov, *Marxismo e filosofia da linguagem: problemas fundamentais do método sociológico na ciência da linguagem*, tradução, notas e glossário de Sheila Grillo e Ekaterina Vólkova Américo, ensaio introdutório de Sheila Grillo, São Paulo, Editora 34, 2017.

Mikhail Bakhtin, *Notas sobre literatura, cultura e ciências humanas*, organização, tradução, posfácio e notas de Paulo Bezerra, São Paulo, Editora 34, 2017.

Mikhail Bakhtin, *Teoria do romance II: As formas do tempo e do cronotopo*, tradução, posfácio e notas de Paulo Bezerra, São Paulo, Editora 34, 2018.

Mikhail Bakhtin, *Teoria do romance III: O romance como gênero literário*, tradução, posfácio e notas de Paulo Bezerra, São Paulo, Editora 34, 2019.

Valentin Volóchinov, *A palavra na vida e a palavra na poesia: ensaios, artigos, resenhas e poemas*, organização, apresentação, tradução e notas de Sheila Grillo e Ekaterina Vólkova Américo, São Paulo, Editora 34, 2019.

Mikhail Bakhtin, *Problemas da obra de Dostoiévski*, tradução, notas e glossário de Sheila Grillo e Ekaterina Vólkova Américo, ensaio introdutório e posfácio de Sheila Grillo, São Paulo, Editora 34, 2022.

Este livro foi composto em Sabon, pela Bracher & Malta, com CTP da New Print e impressão da Graphium em papel Pólen Natural 80 g/m² da Cia. Suzano de Papel e Celulose para a Editora 34, em junho de 2022.